성공을
꿈꾸는
美친
여자들의
반란

성공을 **꿈꾸**는 **美친 여자들**의 **반란**

초판 1쇄 2023년 05월 11일
지은이 강사라 최미진 박소영 백현희 기고은 | **펴낸이** 송영화 | **펴낸곳** 굿위즈덤 | **총괄** 임종익
등록 제 2020-000123호 | **주소** 서울시 마포구 양화로 133 서교타워 711호
전화 02) 322-7803 | **팩스** 02) 6007-1845 | **이메일** gwbooks@hanmail.net

© 강사라, 최미진, 박소영, 백현희, 기고은, 굿위즈덤 2021, *Printed in Korea*.

ISBN 979-11-92259-90-1 03190 | **값** 16,800원

5인 5색 끝없는 열정을 말하다!

성공을 꿈꾸는 美친 여자들의 반란

강사라 최미진 박소영 백현희 기고은

굿위즈덤

···

성공을 꿈꾸는 美친 여자들

'성공'이라는 단어가 전혀 어울리지 않을 것만 같은 여자들. 각자의 삶은 그저 평범한 육아 중인 엄마였고 직장인이었다. 디지털 세계라는 생소한 트렌드를 옷입고 같은 시간과 공간에서 만난 우리는 1년이든 2년이든 길게는 3년 동안 그렇게 함께했던 것이다. 그리고 더 가까이에서 이런 방법을 통해 만났다. 어쩌면 '성공'이라는 곳을 향해 한 걸음 더 내딛던 약간은 더 좁아진 문에서 이렇게 만나게 될 인연이었나 보다.

'성공을 꿈꾸는 미친 여자들! 바로 이거야.' 늘 옆에 끼고 다니는 검은색 통계청에서 얻은 다이어리를 펼쳤다. 사각거리며 떠오르는 키워드들을 마구잡이로 휘갈겨 적었다. 공저를 위한 기획들이 순식간에 떠오르는 아이디어로 채워지고 있는 것이다. 30분 정도가 지났을까? 신나게 적어 내린 시간이 사실은 30분도 채 안 되었다. '바로 이거야!'라며 무릎을 '탁' 쳤던 이유가 뭘까? 이미 나 자신이 성공을 꿈꾸며 미친 듯이 달려가고 있는 그 한 사람이었기 때문이다. 나와 같은 이들이 또 있지 않을까? 현실 속에서 몇 번이고 고꾸라지면서도 다시 일어나 흙탕물 뒤집어쓰고 달릴 준비태세를 갖추는 딱 나 같은 이들 말이다.

거기다 미쳤다의 '미'를 美로 표현해내고 나니 더욱 마음에 쏙 들어와 앉는다. 자신을 찾고 자신의 꿈을 찾아 성공을 향해 머리칼을 휘날리며 정신없이 달려가는 그 모습이 얼마나 아름다운가. 한참을 고요하게 모습을 상상했다.

이미 그녀들은 자신의 인생 가운데 많은 시도와 도전들을 했다. 시작점이라기보다는 이미 몇 년을 고군분투하며 자신만의 성공을 위한 지름길을 내고 있는 이들이다.

독서광이었던 새벽을 사는 여자는 책 쓰기를 통해 작가가 되어 또 다른 예비 작가들을 위한 사업을 시작하였고, 프로 이직러의 삶을 살았던 거의 일본인이 다된 여자는 수많은 꿈과 다양한 경험과 지식 데이터들을 기반으로 또 다시 본연의 제 모습과 꿈을 위해 한국에 들어올 차비를 하고 있다. 자신은 극내향이라 얼굴을 내비치는 것조차 어렵다는 그녀는 (프로필 사진에 그녀만 쏙 빠졌다.) 혼자서 온라인 스마트스토어 대표가 되어 1인 사업을 일찍도 시작했다. 시작 후 6개월 만에 엄청난 결과물을 만들어내는 것을 옆에서 지켜보고 내심 놀랐다.

가장 도시적인 느낌이 나는 여자. 아마 캐나다에서 살고 있기 때문이라는 나만의 선입견일 수도 있겠다. 얼마 전 디지털 노마드의 일상을 담은 인터뷰 요청이 왔다는 소식을 전해 들었다. 얼마나 신이 나고 흥이 나는 일인가. 꿈과 성공이 맞닿은 일들이 일상 속에서 기적처럼 나타나고 있다. 항상 감성적인 글과 그림을 스토리로 담아내던 그녀는 어떤가. 여

　성공을 꿈꾸는 婆친 여자들의 반란

릴 줄만 알았던 그녀는 꽤 고집스럽기도 하다. 그 고집스러움이 그녀를 이 땅에서 자신의 것을 성취(쟁취)해 가도록 하는 원동력이다. 삼남매를 키우며 자투리 시간을 또 잘게 쪼개어 자신을 위해 시간과 노력을 쏟는 그녀의 열정에 나는 미친 듯이 박수를 친다.

  '성공'의 의미는 각자에게 다른 의미일 것임에 틀림없다. 특히나 평범하고도 일상적이었던 우리들에게는 거리가 먼 이야기였지 않았나. 왜 그래야 하나? 라는 의문 섞인 질문을 이제는 가차 없이 던진다. 충분하다. 우리들에게도 '성공'이라는 것이 특별한 것이 아닌 일상적인 것이 될 수 있다.

  이 책은 그러한 '충분한 이유'에 대해 담은 책이다. 누구에게나 세상을 바꿀 수 있는 힘이 있다. 우리는 그 힘을 믿는다. 망설이지 않고 선뜻 그 힘을 발휘해준 다섯 명의 작가님들께 의미 있는 감사를 전한다.

  − 1인 사업하는 책 쓰는 작가 강사라

2장   **새로운 도전을 즐기는 여자**
: 어쩌다 보니 '프로이직러'로 살아요

- 최미진

성공을

꿈꾸는

美친

여자들의

반란

1장
. . . . .

실패와
결별하기로 한
여자

. . . .

성공의 결정적 순간,
1m 밑에 숨겨진 비밀

- 강사라 -

01 미친 듯이 시도하고 미친 듯이 실패하다

『인생은 실전이다』라는 자기계발서 책이 있다. 제목이 참 직관적이지 않은가? 제아무리 여러 가지 지식을 가지고 있다고 해도 직접 실행해보지 않고서는 결코 그 지식이 자신의 것이 되는 법은 없다. 때마침 메타인지가 이럴 때 사용되는 말인 듯싶다. 지식이 어느 정도의 양을 채워, 하나의 실행을 일으킬 힘을 발휘해내기 시작했을 때 머릿속에 가득 채워진 지식과 그 실천 사이에는 커다란 간극이 존재한다는 것을 깨달았다.

한참 실행력과 추진력이 극에 달했을 때는 떠오르는 모든 아이디어를 10분도 채 안 되어 프로젝트로 기획하고 시작했다. 신나게 달리고 난 결과, 거둔 열매는 매우 미미하다는 사실을 알게 되었을 때 이제는 진지한 사업을 체계적으로 시작하기로 마음먹었다. 그리고 그때부터 본격적으로 지식과 실전의 간극을 가장 멀고도 길게 씨름해나가야 했다. 지난 몇 년 중에서도 유독 작년의 1년은 매 시간 이겨내야 했던 순간이었다고 말하고 싶다. 단 한 순간도 편안하고 쉬웠던 적 없이 겨우 버티고 있었을 뿐이다.

『인생은 실전이다』저자는 인생의 제1원칙은 망하지 않는 것이라고 한다. 또한 '망하는 것과 실패는 다른 차원의 문제이다.'라고 말한다. 근거는 망하는 것은 결론이며, 실패는 과정이라는 전혀 다른 속성을 가지고 있기 때문이라는 것이다. 실패가 반복되며 그 상황이 끝이라면 실패가 망한 것으로 결론 난 것이며 반복된 실패라도 다시 시작하고 도전한다면 과정일 뿐이라고 말이다. 지극히도 당연한 이 사실을 머리로는 알면서도 좌절감이 아닌 과정의 쌓임으로 인정하기까지 꽤 시간이 걸렸다. 온전히 체득하기까지 반복된 연습이 필요하지 않은가.

뜬금없이, '나는 성공을 위한 어떤 실패들을 마주했을까?'라는 생각을 해본다.

나이 마흔에 번듯한 생계직장을 그만두고 블로그를 시작했을 때 기대와 달리 당장 결과물을 얻을 수 없다는 사실을 마주하고 실패라고 생각했다. 직장을 그만두기까지 했는데 당장 생활비를 벌지도 못한 상황이 되었으니 말이다. 항상 책을 좋아했고 언젠가는 책을 써야지 하던 차에 고액의 수강료를 지불하고 책 쓰기 수업에 등록했지만 4주 수업이 끝남과 동시에 강퇴를 당했다. 거실 바닥에 주저앉아 눈물을 흘리며 인생의 큰 실패라고 생각했다. 이렇게 나열하려고 보니 사실은 그럴싸한 실패가 없다는 것에 순간 당황하고 있다. 미친 듯이 많은 시도를 했고 도전 가운데 실망들이 있었지만 정작 실패라고 할 만한 실패가 있었던 걸까?

성공한 사람들은 대부분 왜 하나같이 크게 실패했던 과거를 갖고 있을까?

월트 디즈니는 어릴 때부터 디즈니 애니메이션을 사랑했다. 디즈니랜드를 만들어서 많은 사람이 즐길 수 있는 유럽식 테마파크를 만들고자 많은 시도를 했고 많은 실패들을 겪었다. 사람들의 비판과 경제적인 어려움도 겪었고 배신을 당하기도 했다. 그는 절대 포기하지 않았고 결국 디즈니랜드를 성공시켰다.

벤저민 프랭클린은 전기가 무엇인지 무척 궁금했다. 미친 듯이 번개를 잡기 위해 연구했고 실험을 시도했다. 많은 실패와 비용 그러나 그는 결국 전기의 원리를 발견했다.

17세기의 뉴턴은 또 어떤가. 사과가 떨어지는 것을 이해하기 위해 많은 시도를 했다. 나는 너무도 당연한 상식이라 질문을 던진다는 것조차 상상하지 못했는데 그는 역시 상식을 상식으로 여기지 않았다. 무에서 유를 창조해내듯 사과가 떨어지는 현상을 이해하기 위해 많은 시도를 하고 실패를 겪은 것이다. 결국 새로운 물리학적 원칙이 필요하다는 것을 깨닫고 중력 이론을 발견해내는 계기를 만들었다.

그들은 동일하게 누구라고 할 것 없이 크게 성공한 만큼 크게 실패한 경험이 있다. '내가 실패한 것은 아니야. 단지 일만 가지 방법을 찾았을 뿐이야.'라고 이야기했던 에디슨처럼 말이다.

실패를 두려워해서 아주 작은 날갯짓조차 하지 않는다면 나비효과의 변화와 기적들을 기대할 자격조차 없겠구나 싶다. 시작은 정말 보잘것없는 아주 작은 날갯짓이었을 뿐이다. 아직 남들이 인정할 만큼의 큰 성공에 다다른 것이 아니므로 아직은 그만한 실패조차 없었다는 것을 인정해야만 하겠다. 오히려 그동안 작은 실수들에 대해 과민했으며 실패 자체를 두려워했다는 사실에 '겨우 이 정도였구나.' 하고 겸허한 마음마저 가지련다.

'미친 듯이 시도하고 미친 듯이 실패하다.'

그럼에도 불구하고 일상에서 벗어난 도전을 수없이 반복해오고 있다. 내 인생은 최근 사이에 크게 바뀌었다. 2~3년이라는 그간의 결과물은 내가 가장 좋아하고 하고 싶은 것, 잘하는 것은 어떤 것인지 알게 되었고 책 몇 권을 쓴 작가가 되었다. 책을 주제로 강연, 강의, 특강들을 진행했고 1인 사업가로 도전했으며 책 쓰기 프로그램을 운영하며 특강과 수업,

책 쓰기 개인코칭을 시작했다. 출판사와 계약을 한 기획출간 작가들을 단기간에 여러 명이나 배출했다. 어제 또 한 명의 예비 작가가 출판사에 투고했고 여러 곳에서 러브콜을 받으며 좋은 조건으로 계약을 진행하기 위해 논의 중이다.

지난 3월 부산 북부교육지원청 영재입학식 특강 강사로 초빙되어 십 대들에게 진로 특강을 하고 돌아오는 길에 수많은 감회가 오고 갔다. 브라이언 트레이시 성공학 강연가이자 꿈 동기부여가 이기도 한 그의 강연을 보면서 나 또한 단 열 명의 청중이라 할지라도 백 명 앞에서 강연하듯 하리라는 마음으로 그동안의 강의들에 임했었다. 그리고 얼마 지나지 않아 200명이 넘는 영재들의 입학식에 강연자로 서게 된 것이 가상에서 현실을 이어준 커다란 기점이 되어주었다.

강연(특강) 50명이 최대 청중이었다. 오프라인에서 200명이 넘는 이들 앞에서 특강을 한다는 것이 얼마나 부담스러웠는지 모른다. 하면 또 잘 하리라는 것을 확신하지만 그래도 불편감과 부담감은 있던 모든 스케줄 마저 조절해야 할 정도였다. 결국 모든 변화의 중심은 미친 듯이 시도했음이다. 아직 미친 듯이 실패를 거듭함이 모자라지만 많은 시도와 실패 속에 완성되어가야만 하는 일들이라는 것에 한 표를 던진다.

성공자들의 '제로 점(zero point)'이라는 것에 대해 생각해 본 적이 있는가? 실패를 인정하지 않거나 거부하는 것이 아니라, 실패를 받아들이고 그것에서 배우는 것을 말한다. 그리고 실패에 대한 자신의 태도와 해결해야 할 방법들을 다시 조정하며, 실패를 극복하고 새로운 성공을 이루어내는 것이다. 그들의 실패를 이해하는 방식을 생각하고 보니 어서 제대로 된 실패를 해야겠다는 조바심마저 드는 것은 정말 신선한 자극이지 않은가?

코로넬 샌더스를 소개하고자 한다. KFC(켄터키 프라이드치킨) 할아버지라고 하면 모두 '아하!' 하며 이마를 툭 칠 것이다. 그의 예화는 이렇다. 미국 육군 대위로 복무하며 요리에 대한 열정을 키웠으나 전쟁이 일어나면서 그는 해고되고 자신이 가지고 있던 모든 것을 잃게 된다. 하지만 샌더스는 자신이 가진 요리 기술과 열정을 바탕으로 새로운 사업을 시작하고자 했고 65세에 퇴역 후 KFC를 창업했다.

당연히 그도 다른 이들과 다를 바 없이 창업 초기 많은 어려움과 실패를 겪었다. 치킨 레시피를 개발하고 더 나은 시스템을 개선하기 위해 수많은 어려움을 겪어낸 것이다. 결국 전 세계적으로 유명한 패스트푸드 브랜드 KFC를 만들어내지 않았는가.

내가 성공하게 되는 순간, 나는 가난과 부의 처음과 끝을 아는 사람이 될 것이다. 지독히도 가난하고 쥐뿔 가진 것 하나 없었던 제로 포인트를 알고 있기 때문이다. 제로 점에서부터 출발하여 성공했다는 것은 실패하여 다시금 제로 점으로 돌아간다고 해도 새롭게 일어설 힘을 가지고 있다는 것을 의미하지 않는가. 이미 제로 점을 가지고 있는 나는 어떤 실패를 경험하더라도 다시 새롭게 시작할 수 있는 강점과 근력을 가지고 있는 것이다. 그러니 스스로 미친 듯한 시도와 실패가 나의 가장 큰 무기인 셈이다.

더군다나 코로나 팬데믹으로 인한 셧다운과 함께 새롭게 맞이한 이 세상은 지금 매우 급격하게 변하고 있다. 새로운 디지털 기술과 AI 인공지능이 끊임없이 연속적으로 발전하며 미래를 예측할 수가 없다는 말이다. 그래서 일단 시도해보는 것이 해답이다. 무엇이 정답인지 어느 누구도 장담할 수 없기에 우선 시도해보고 실패해보며 재빠르게 정답을 찾아가는 것이다.

어쩌면 이전의 규칙들이 더는 적용되지 않는 부분들이 많아서 그동안 평범하게 살아왔던 우리에게는 기회일지도 모른다. 누구에게나 동일한 지점에서 새로운 시도와 실패의 연속들이 과제로 주어졌기 때문이다. 책상 앞에 앉아 '난 부족해, 그들보다 능력과 재능이 없어. 시간이 턱없이 부족해.'라는 탁상공론을 하고 있을 여유조차 없이 누구보다도 많이 시도하고 실패하려고 작정한다.

나는 이제 더 큰 용기와 결단력으로 앞으로 나아가며 새로운 도전에 맞설 준비가 된 것이다. 여러분은 어떤가?

02 콘텐츠는 부를 품은 씨앗이다

자신에게 잘 맞는 옷을 쏘옥 입는 것처럼 어떤 개념을 자신의 의식과 태도 가운데 이해시킨다는 것은 결코 쉬운 일이 아니라는 것을 그동안 경험했다. 물론, 내게는 이전에 없던 듣지도 보지도 못한 모든 걸 새롭게 개척해야만 했던 분야였기 때문에 더욱 그러했으리라. 비즈니스 모델이 무엇인지, 생산자의 관점이 무엇이지도 전혀 알지 못했다. 수번 반복되는 콘텐츠에 관한 이론 지식을 듣고 접하며 머리로는 정리가 되는 듯했지만, 전체적인 이해로는 턱없이 부족하다는 것을 느꼈다. 내가 당장 무엇을 시작하고 어떻게 설계해야 할지조차, 전혀 감이 오지 않았기 때문이다.

수익을 창출해보고 싶다는 간절함으로 혼자서 많은 프로젝트를 만들어냈다. 시스템이라는 것 또한 당최 어떻게 만들어야 하는지도 모르겠지만 직접 부딪혀보자는 배포로 미친 듯이 달려들었다. 하지만 지금에 와서 생각해보면 얕은 물에서 참방참방거리며 대중의 반응만 살피는 형국이었다는 것을 알게 된다. 당장 '좋아요'가 많이 달리거나 프로그램에 관심들이 많으면 신나게 거실에서 깡충깡충 뛰어대다, 열 명은 금세 신청할 것이란 기대와는 달리 세 명 겨우 채울 만큼 반응이 기대에 미치지 못하면 어느새 시들해져 좌절감마저 느끼고는 했다.

어느 순간 전혀 예상치 못했던 단 하나의 작은 씨앗을 발견했다. 처음에는 '내 씨앗이 맞을까? 이 씨앗을 내가 심어도 되는 것일까? 너무 작은 씨앗은 아닐까? 언제서야 열매를 맺을 수 있을까. 얼마만큼의 나무로 키울 수 있을까?' 많은 생각들이 오고 갔다. 내가 가지고 있는 이 콘텐츠를 얼마큼 키울 수 있을지는 모르겠지만 일단은 정성을 들여 심고 가꾸어보기로 했다.

"콘텐츠가 없으면 불쌍해지는 시대가 온다." 얼마 전 100억 자산가이신 이라희 대표님의 특강에 참여하게 되었을 때 그녀가 가장 먼저 했던 이야기이다. 당시에는 '그래, 콘텐츠가 돈을 버는 수단이니 당연히 콘텐츠가 있어야 하겠지?' 그저 콘텐츠의 중요성을 부각하기 위한 메시지라고 생각했다. 그만큼 돈을 벌기 위한 수단으로써 콘텐츠가 중요하다는 의미만으로 크게 고개를 끄덕였을 뿐이다.

콘텐츠가 왜 중요한 것일까. 중요해진 이유와 배경을 이해하게 된다면 아차 싶다. 발등에 불 떨어진 것만큼이나 이번 기회를 꼭 잡고 싶은 자들에게 없어서는 절대 안 될 요소라는 것을 다시 한번 깊이 새기게 된다. 인터넷, 스마트폰과 같은 디지털 기기들의 사용이 증가한 것은 이미 아주 오래전의 일이다. 이러한 기기들의 보급이 어린아이에서부터 어른 노인에 이르기까지 일상화되었다.

디지털 콘텐츠들의 수요가 증가하고, 크고 작은 콘텐츠 산업들이 폭발적으로 생겨나기 시작했다는 것도 오래전 이야기였을 것이다. 다만 기업에서 좋은 콘텐츠를 노출시키기 위한 끊임없는 시도와 경쟁을 하며 발빠르게 움직이고 있었을 뿐이다. 그리고 이제는 콘텐츠 생산이 일반인들에게도 요구되는 시점에 이르렀다. 콘텐츠 생산을 통한 부의 기회들이 지극히 평범한 일반인들에게도 덜컥 왔다는 의미이다.

고품질의 콘텐츠를 소비자들에게 제공하지 못하는 기업들은 냉정하게 밀려난다. 현재 인터넷 대기업들이 새롭게 떠오르고 있는 것도 그와 같은 이유에서다. 앞으로는 콘텐츠 생산이 각 개인의 욕구에 따라 세분되고, 요구되는 필요도 다양해지는 만큼 수많은 콘텐츠가 생산되고 소비될 것이다. 산업의 형태는 달라졌지만, 생산자와 소비자는 늘 있는 법이다. 나는 이미 2~3년 전 콘텐츠를 만들어내는 생산자로 나서기를 선택했다.

부의 기회에 악착같이 올라타기로 말이다. 소셜미디어의 플랫폼과 디지털 기기들을 활용해 누군가의 욕구를 채워줄 콘텐츠가 없다면 부의 기회를 스스로 날려버리는 것과 같다.

3년 전 소셜미디어 중 하나인 인스타그램을 시작할 때만 해도 분위기는 그리 호의적이지 않았다. 나 또한 관종들이나 하는 사치스럽고 허풍스러운 꼴 보기 싫은 취미생활이라고 생각했으니 말이다. 그저 책 한 권을 읽고 김미경 강사님의 유튜브 몇 개를 듣고 디지털(온라인) 시대라는 것에 호기심을 가진 것이 첫 시작이다. 그리고 새로운 '업'을 위해 첫걸음을 시작했을 뿐인데 때로는 폭풍처럼, 때로는 잔잔하게 흘러 현 위치에 와있다. 일명 콘텐츠 비즈니스 사업가이다.

비슷한 시기에 같은 마음을 가지고 시작해 각각 다양한 분야에서 사업을 이루어가는 개인들을 보고 있다. 한편으로는 '본인이 네이밍 하는 것들이 자신의 위치와 역할을 결정하며 스스로가 만들어낸 브랜드가 곧 콘텐츠가 된다.'라는 생각이 들 정도다. 서평, 뷰티, 일상, 여행 팁, 레시피, 먹방, 협찬, 건강, 운동, 수납과 정리 등. 개인의 취향이나 목적에 따라 주제와 형태를 가진 다양한 콘텐츠가 점점 더 개인적인 경험과 지식 속에서 잘게 나눠지고 있다.

시작의 비결은 아주 작게 쪼갠 작은 조각들을 집어 든 것이었다는 것을 어느 순간에 이르러 이해했다. 당시에는 그토록 깨부술 수 없을 것만 같은 두꺼운 벽이었고 평생 넘어설 수 없는 높은 산이라 여겨져 답답하고 힘겨웠는데 말이다. 복잡하고 어려운 일들은 그렇게 풀어냈어야 했던 것이다.

인스타 친구들에게 모두 공표했던 10개월 후의 목표를 달성했을 때, 2~3년 동안 곁에서 함께 활동하며 지켜봐 왔던 인스타 친구가 상담을 요청해왔다. 종종 통화를 하며 서로 마음을 주고받고 하는 사이였지만 그날은 '나도 무언가 시작할 수 있을까?'라는 생각을 문득 한 걸음 더 했나 보다. 일반인 자산가들이 부의 추월차선을 타는 모습은 이제 우리에게는 흔한 광경이 되었지만, 막상 늘 편하게 마주하고 소통하던 옆집 친구가 높은 산 같던 목표를 드디어 달성하는 것을 보니 훅하고 와닿았던 것은 아닐까. 나 또한 구 신사임당 님, 자청 님 그리고 그 외 1인 기업인들의 성장을 가까이에서 보고 동일하게 느꼈던 터였으니 말이다.

"독서로 사업을 시작할 수 있을까요?" 그녀의 질문이었다. 대부분 독서라고 하면 '책을 읽는 것'에서 생각이 그친다. 평범하게 직장생활을 하며 지내는 일반인들은 소비자의 관점을 오래도록 가지고 있기 때문에 사업 아이템이라고 생각하는 것조차 자연스럽지 않다. 관점을 바꿔 생산자의 시각으로 본다면 독서라는 콘텐츠 하나만으로도 여러 가지의 수익모델을 그릴 수가 있는데도 말이다.

예를 들면, 블로그나 유튜브 채널 등에 독서와 관련된 내용을 올리며 광고 수익을 내기, 독서 또는 그로부터 파생된 독서법, 서평 법, 독서 모임 운영하는 법 등을 콘텐츠로 종이책, 전자책 쓰기 등을 통한 출판 수익, 독서와 관련된 지식을 전달하는 온라인 강의, 과정 수업, 유료특강 진행 수익, 독서클럽, 멤버십 운영 등으로 인한 수익 등등. 이외에도 다양한 수익을 만들어내는 방법은 얼마든지 있다. 콘텐츠가 그 무엇이든 상관없이 말이다. 단, 자신에게 수없이 던진 질문 속에서 가장 본인에게 잘 어울리고 딱 맞는 '단 한 가지'의 콘텐츠를 무엇으로 선택할 것인가? 이것이 결정적 포인트이다.

적절한 씨앗을 하나씩 선택하고 꾸준한 관리를 하며 성장해왔다. 마치 좋은 씨앗이 물과 영양분을 받아 성장하여 좋은 열매를 맺듯이 내가 선택한 단 한 가지의 콘텐츠가 조금씩 성장하고 있는 것을 발견한 그 쾌감이란, 감동적이고도 마음이 굉장히 따뜻해짐을 느낀다.

'콘텐츠 비즈니스가 나를 구한다.'

『콘텐츠 바이블』 조 풀리지 저자의 책 서문에 '내 삶을 구한 콘텐츠 비즈니스' 첫 문구를 보자마자 떠올렸던 생각이다. 이 책은 사실 1년 전에 읽었던 책이다. 그때가 한창 수익모델을 장착하기 위해 애쓰고 있을 때였으니 유독 관심이 가고 도움이 되었던 책이었다. 콘텐츠의 개념과 기본원칙, 사업 모델을 만들어 가는 프로세스에 대해 도움을 얻었던 책이었음이 틀림없지만 1년을 몸소 체득한 이후 다시 두 손에 들고 보니 이전과 깊이와 감회가 매우 다르다.

콘텐츠를 활용한 비즈니스가 아직도 서툴지만 1년의 성장을 이끌어왔다. 겉으로 드러난 성장보다 내면에 켜켜이 쌓여진 성장이다. 그리고 이제 직감적으로 현시점으로부터 완벽한 퀀텀점핑을 이루어줄 핵심이 또다시 내가 가지고 있는 '콘텐츠'라는 것을 느끼고 있다. 『콘텐츠 바이블』 저자는 2007년 사업을 하기 위해 억대 연봉 임원직을 그만두었다. 그리고 2년 후인 2009년 거의 모든 걸 포기할 뻔했다고 한다. 결국 2011년 5년이 채 안 되어 100만 달러대의 매출을 기록했다. 그동안의 수많은 실수를 저지르고 씨름해오며 사업 모델을 정착시킨 것이다.

작가 활동과 함께 1인 콘텐츠 비즈니스 사업을 시작하고 1년 만에 모든 것을 그만둘 뻔했다. 이제 2년째에 접어들고 있다. 내게 아직 그와 같은 과정 가운데 2년, 3년이라는 시간이 남아 있는 것이라고 굳이 조 풀리지 저자와 이 과정을 동일화시키고 있다.

오늘도 나는 여느 때와 다를 것 하나 없이 원고를 쓰며 앉아 있는 이 좁은 공간에서 다양한 아이디어와 정보들, 열정과 성과들을 담은 콘텐츠들을 마주하고 있다. 온라인 플랫폼을 수시로 넘나드는 것은 우리들의 오래된 습관과도 같으니까. 종종 나와 그들의 콘텐츠가 크고 작은 '부'를 품고 있다는 것을 보고 있다. 부를 품고 있다는 것만으로 충분할까?

부를 품은 씨앗이 미래를 향해 꽃을 피우기 위해서는 자기만의 방식을 가꾸어가며 씨름을 이겨내는 과정이 필요하다. 그 과정을 5년을 채우기까지 한번 가볼 생각이다. 과정 가운데 생겨나는 성공과 실패의 경험들이 또 다른 새로운 부를 품게 할 수 있는 밑거름이 될 것이라 확신하며 말이다. 그래서 나는 2023년 4월 1일 우연히도 만우절에 『콘텐츠 비즈니스 연구소』 네이버 카페를 개설했다.

03 '천만 원 다음은 억 원'이라는 표현이 올바릅니다

"천만 원 다음은 억만 원"이라는 표현은 부적절하며, "천만 원 다음은 억 원"이라는 표현이 올바릅니다. 금전적인 단위에 대한 정확한 이해는 금전 거래나 계산에서 중요하므로, 이러한 단위들을 정확하게 이해하고 사용하는 것이 필요합니다.

급기야는 최근에 가장 핫하게 트랜드로 떠오른 챗GPT에게 물어보기에 이르렀다. 사실, 이 예화의 등장은 23년 1월 첫 월 1천만 원을 달성하고서이다. 천만 원 단위 이상으로는 현실적으로 다가오지도 않았을 뿐더러 대략 1억, 10억으로만 가끔 남 이야기하듯 생각할 뿐이었으니 구체적인 단위를 떠올려야 했을 때 순간 혼란스러웠다. 늘 외우고 있던 비밀번호도 누군가가 물으면 순간 손가락이 무의식적으로 눌렀던 수를 헷갈리게 되듯이 말이다.

혼자서 고민했다.

'와, 천만 원의 목표를 달성했으니 그다음은 얼마의 수치로 목표를 정할까? 억만 원? 근데 뭔가 어색하다. 억 원? 억만 원?'

물론 억만 원이든, 억 원이든 아주 틀린 것은 아닐 테지만 우리가 일상적으로 사용하는 자연스러운 표현 말이다. 가만히 혼자 중얼거리며 제대로 된 표현을 찾다가 초등학생 아들에게 장난하듯 물었다.

"지명아, 천만 원 2천만 원, 9천만 원, 10천만 원? 아니, 9천만 원 다음은 뭐게?"

"1억."

"1억만 원 아니고?" 재확인이다.

"억만 원은 뭔가 이상한데?"

우리 가족 생계가계부 관리는 잘했지만 1인 사업가로서 경제 수치 개념은 제로인 것이 확실해졌다. 실제적인 숫자에 관심을 가져야 하는 일상이 왔다. 당장 내 수중에 몇 억 원이 오고 가는 것은 아니지만 다음의 목표를 수치화하여 책상 앞에 붙여놓기 위해서라도 우선은 억 원인지 억만 원인지 정확히 알고는 넘어가야 했다.

『돈의 속성』 저자 김승호 회장은 사업이 성장하게 되면 이 바닥에서 두 사람의 터줏대감을 만날 것이라고 했다. 말끔한 양복 슈트에 넥타이를 맨 금융이라는 사람과 잠바 차림에 모자를 눌러쓴 부동산이라는 사람을 말이다. 사업을 더 키우기 위해서는 이 두 사람과 잘 지내야 하며 적이 될 경우 사업을 더 키우는 일은 어렵다고 했다. 잠시 손을 놓고 가만히 생각해보니, '어쩜 이리도 이들과 멀리 떨어져 지냈을까.'라는 안타까운 마음이 든다. 사람으로 비유해주니 종종 멀리서 스쳐 지나가기는 하지만 한 번도 이야기는 나눠보지 않은 반 친구를 떠올리게 한다.

부동산 씨, 금융 씨와 나는 단 한 번도 서로 눈길조차 주지 않은 사이다. 가끔 눈인사는 주고받았겠지만 외려 금융이라는 사람과는 적까지는 아니더라도 서로 불편한 사이이지 않은가. 대출을 받더라도, 신용카드를 사용하더라도 기일에 맞춰 꼬박꼬박 낸다면 서로 친하게 지낼 수 있는 사이겠지만 나는 종종 대금 일을 넘기고 연장해야 했던 날들이 수일이었으니 금융 씨와는 저절로 고개를 숙이게 되는 껄끄러운 사이가 되고야 말았다. 괜히 부동산 씨와 금융 씨 앞에 가까이에 가면 나도 모르게 주눅 든 듯 허리가 굽혀지고 목소리도 기어들어 간다.

이제 어떻게 할까. 한 사람의 개인이 아닌, 콘텐츠 비즈니스를 통해 사업을 하는 사업가로서 그들을 대하는 태도를 바르게 해야겠다는 생각이 먼저 든다. 거만하게 굴어서는 안 되겠지만 그렇다고 늘 약자처럼 굽실거릴 필요도 없다. 이제는 당당히 은행 문을 열고 마땅히 구할 것들을 요청하리라.

2024년 4월 30일까지 연 2억 달성하기. 다음 단계로의 진입을 위한 다른 방법들을 고민하고 구상하기 시작했다. 백만 원을 버는 방법과 천만 원을 버는 방법은 달랐듯이 억 원을 버는 방법은 천만 원을 버는 것과 또 다른 차원의 방법이어야만 할 테니 말이다. 업그레이드한 수치화된 목표이다. 꼭 돈으로 수치화해야 할 필요는 없지만 가장 구체적이고도 명확하게 과정과 결과를 확인할 수 있는 지표이다. 그리고 현재 나의 꿈을 위한 일에 절대적으로 경제적 안정이 우선적으로 세팅되어야 하는 이유이기도 하다.

세무사의 조언과 도움이 필요하기도 할 테고, 혼자서는 이제 어려울 테니 직원 또는 아르바이트생이 필요한 지점이 곧 올 것이라고 예상한다. 직감적으로 직접 노동력을 팔아야 수익이 생기는 구조의 한계를 넘어서서 자동화시스템을 세팅해야 한다는 것 또한 올해의 과제라는 것을 느낀다. 그동안 쌓아온 경험과 지식의 데이터들이 천만 원을 달성하게 했고 이제 또 다른 차원에 이른 데이터들을 쌓아 억 원을 달성해야 할 과정까지 다다르게 된 것이다. 이 또한 다른 차원의 행동력을 요구하는 게 아닐까.

한창 유행했던 확언하기 "나는 2035년도에 10억을 벌 것이다." 심심찮게 블로그와 인스타그램에 확언 100번 쓰기 챌린지로 볼 수 있었던 글귀였다. 아마 지금 이 글을 읽고 있는 누군가도 한 번쯤 어디선가 보지 않았을까? 확언을 아침저녁으로 하고 100번을 매일 쓰는 이유는 생각이라는 통로의 비밀을 열쇠로 열고 100%의 믿음으로 '행동'하기 위함이라고 생각한다.

난 이미 100번을 쓰기 이전 확신에 찬 믿음을 가지고 있으니 바로 행동으로 옮기겠다는 것이 내 철학이다. 일단 행동을 하다 보면 이미 믿고 있는 나 자신을 발견하기도 하니 그런 에너지도 참 좋다. '2022년 1월 월 1천만 원 달성하기' 또한 같은 방법으로 움직인 결과물이다. 달성하고자 하는 날짜와 수치를 명확하게 책상 앞에 붙인다. 현재 내가 할 수 있는가 없는가를 따지지 않고 목표를 위한 시뮬레이션을 머릿속에서 돌린다. 그리고 이루기 위한 과정들과 방법들을 상세히 적는다. 이미 월 1천만 원을 벌고 있는 나의 할 일들을 미리 세팅해놓고 매일 그 일들을 해내야만 가능한 일이다.

핵심은 백 퍼센트의 확신과 믿음이 목표를 이룰 수 있는 행동력을 일으켜낸다는 것에 있다. 그 행동을 일으켜낸다는 것이 얼마나 어려운지. 확신과 믿음으로 시작해도 당장 성과가 나지 않을 때, 매번 무너지고 일으키기를 반복하니 말이다. 더불어 월 1천만 원을 버는 사람들의 일과는 월 200만 원을 벌고 있는 사람들의 일과와 전혀 다르다는 상식을 왜 많은 이들이 놓치고 있을까? 라는 생각을 해본다.

물론 방법도 다르지만, 이전의 행동 방식을 거슬러 새로운 패턴의 행동 습관을 입어야 한다는 사실은 매우 불편하다. 나 또한 중력을 거스르는 것과 같은 무게를 이겨내기 위해 하루에도 수십 번 확신과 믿음을 되새기고 다시 한번 행동력을 일으키기를 반복한다. 이제는 억 원을 위한 행동력의 무게가 더 무거워진 셈이다.

주변에 함께 했던 온라인 친구들이 초반에는 열심을 다해 새로운 지식을 배우다가 어느 순간이 되면 고민하기 시작하는 것을 보았다. '나는 대체 언제까지 이렇게 배우고만 있어야 할까?' 그즈음에 배움을 좀 더 채우고자 하는 이들, 아웃풋을 위해 아주 작은 실천을 하는 사람들로 갈라진다. 작은 실천을 하던 사람들 가운데서도 각 생장점을 만날 때마다 배움의 지식을 더해가며 성장통을 겪어내는 이들과 딱 그 지점에서 포기하고 그만두는 이들로 나뉜다.

그렇게 함께 시작한 이들과 3년 정도가 지났다. 주변을 둘러보니 지금까지도 배우고만 있는 이들, 생장점의 각 지점에서 포기하고 사라진 이들, 부쩍 성장해서 이전과 전혀 다른 위치에 올라서 있는 이들. 그들의 모습이 참으로 다양하다.

천만 원 다음이 억 원이 맞는 것처럼, 천만 원 다음은 억 원의 방법과 전략 그리고 행동력을 가져야 하는 것이 맞다. 기존의 비용과 차원이 다른 규모의 수익을 요구한다는 것은 분명 다른 단계로의 시작을 뜻하는 것일 테다. '월 천만 원 달성하기'는 주변에서 흔히 볼 수 있는 보편적인 목표였다. 현재 누군가에게도 월 천만 원이 그들의 간절한 목표일 것임이 틀림없다. 그렇다면, 200만 원을 벌 때와 전혀 다른 '천만 원의 무게를 감당할 준비가 되어 있는가?' 자신에게 먼저 물어보는 것은 어떨까?

내게는 결코 올 것 같지 않아 관심조차 두고 있지 않았던 억 원대의 수치와 그 방법의 무게를 감당해야겠노라고 작정한 나처럼 말이다. 질문에 대한 답이 나왔다면 더 큰 노력과 시간을 투자해야 함을 명심하고 행동력에 속도를 실어보기를 간곡히 요청한다.

다음 단계로의 진입을 위해.

04 성공을 부르는 3가지의 힘

　나도 남들이 가진 재주를 가지고 싶었다. 늘 그것이 부러웠다. 한 달 정도 어린이집에서 실습하고 몸살이 심하게 들었다. 교실 바닥을 걸레질 하라면 얼마든지 하겠는데 아기자기한 교실 환경을 꾸미고, 수업 자료 교구들을 만드는 것이 얼마나 큰 스트레스가 되던지, 그렇게 심하게 드러눕고 나서 실습을 포기했다.

　평생토록 피아노를 치는 것이 그리 소원이었다. 직장 다니며 학원에 다닐 때도 주말마다 혼자 가서 4시간 이상을 연습하곤 했다. 때로는 내 머릿속, 마음속을 밖으로 표현해내 보고 싶어 연필과 붓을 들어 보기도 했다. 오래도록 애쓰던 영어 공부도 결국은 중단했다.

소셜미디어 플랫폼을 통해 만난 온라인의 다양한 사람은 재주도 각양각색이다. 디지털 아트, 캘리그래피, 웹디자인, 꽃 풍선, 요리 등. '똥손'인 내게는 절대 없는 재능이다. 마흔이 되도록 특별한 재주가 없던 나는 오랫동안 '자신에 대하여'라는 질문을 반복하며 본연의 나를 찾아가기 시작했다. 눈에 보이지 않았던, 시도해보지 않고 기회가 없어서 몰랐던 재능을 발견하게 된 것이다. 곧 책을 읽는 것과 글쓰기였다. 모두가 읽는 책, 누구나 쓰는 글이지만 그 안에 나만의 특별한 재주가 있음을 찾아냈다. 더불어 말하는 것까지, 이렇게 나와 참 잘 어울리는 재주라니!!!

그제야 깨달았다. 가지고 태어난 재능과 재주도 매우 중요하지만, 눈에 보이지 않던 잠재력을 끌어내 보이기까지 내면의 그 무엇인가가 나를 이끌어왔다는 사실을 말이다. 재능보다 더 중요한, 자신을 움직이게 하는 '절대적인 힘'이 있다는 것을 여러분은 어떻게 생각하는가. 별것 아니게 보였던 것이 별것인 것으로 보이기 시작한 그 순간이야말로 내 인생에서 가장 큰 성장을 이룬 순간이었다.

선택적 열정

오늘도 가만히 바라보고 있으면 어디서 나온 자식인지 싶으면서도 내 어릴 적 모습을 그대로 눈앞에서 재현해내는 둘째 딸을 보고 감탄하고는 한다. 온종일 신은 양말을 벗지 않고는 이불을 밟고 지나다니는 법이 없

성공을 꿈꾸는 美친 여자들의 반란

다. 자기 전 다음 날 학교에 갈 옷을 미리 챙겨 방 한구석에 가지런히 놓는 아주 작은 습관 또한 영락없는 어릴 적 내 모습이다. 마흔 중반쯤에 다다른 나는 활동성이 이전 같지 않지만, 신체적 활동 에너지가 넘쳐나는 딸을 보고 있자면 아주 오래전 내 모습이 오버랩된다.

디지털 플랫폼에서 소통하며 나를 알고 있는 이들은 하나같이 내 열정과 추진력에 감탄하곤 한다. (아이를 낳고 경력이 단절된 이후에 다시 직장에 들어갔을 때, 밀려도 한참이나 밀린 짬밥이라 제대로 역량 발휘할 기회조차 없었다. 오히려 나를 함부로 대하는 상황들이 견디기 어렵게 서글펐다.)

새로 시작한 디지털 세상에서는 내 역량만큼 아니, 그보다 더한 강점들을 실시간 피드백을 통해 발견해간다. 나 또한 인정하는바, 열정과 추진력은 자랑스럽기까지 하다. 1인 기업 국민 멘토 김형환 교수님은 그런 나에게 '선택적 열정'이라는 명쾌한 정의를 내려주셨다. '선택적'이라는 의미 속에 '집중력'이라는 내 강점을 하나 더 집어넣은 것 같아 마음에 쏙 드는 설명이라고 생각했다. 1년, 2년을 그렇게 남다른 열정을 토해내듯 하며 많은 성과를 일궈냈다. 보통 4~5년 걸칠 일들을 1년, 2년 사이에 이루어놓은 것이다.

그리고 깨달았다. '이제 다음 단계로 진입을 해야 할 시기가 왔구나.' 더불어 여기까지는 열정과 집중 그러니까 선택적 열정만으로 달려왔지만 더는 이것만으로는 지속하기가 어렵다는 것을 직감적으로 알게 되었다. 간절한 열망의 숨이 꺼지지 않으려면 그 이상의 악착같은 무언가가 필요했다.

지독한 끈기

보는 내가 괜히 민망하고 부끄러워진다는 느낌이 들 때가 누구나 있지 않은가? 그가 내게는 그랬다. 호감보다는 약간 비호감에 더 가까운, '어떻게 연예인이 되었을까?'라는 궁금증이 생기기도 했다. 지금은 아주 오래전 잠깐의 생각이었노라고 변명하련다. 언제부터인가 진솔한 모습이 참 마음에 들더니 얼마 전 TV 프로그램을 통해 보게 된 그의 모습들은 굉장한 여운 자체였기 때문이다.

올해로 데뷔 14년 차 되는 '제국의 아이들' 그룹 멤버 황광희 씨를 오랜만에 〈유 퀴즈〉 프로그램을 통해 보게 됐다. "어머나 벌써 14년 차가 되었구나?" 탄성을 내뱉기도 했지만, 유쾌하고도 솔직한 입담과 투명한 마음의 이야기들이 진한 감동을 주었다. '내공 100'이라는 주제로 초대된 황광희 씨는 과거 5년간의 연습 생활을 마치고 데뷔한 곡에서 자신의 파트가 겨우 3초였다는 내용을 전했다. '와, 나는 2~3년 동안 모든 실행에 당장 성과물들이 나타나기를 기대하고 낙심하기를 반복했었는데 그는 연습 생활만 5년이라니….'

사실 그것만으로도 내게 큰 자극이 되었던 것이 맞다. 그런데 멋진 퍼포먼스를 기대하고 데뷔만을 기다리던 자신에게 '겨우 3초라는 파트는 어떤 감정이고 의미였을까?'라는 생각을 해보지 않을 수가 없다. '가족과 지인들 그리고 청중을 마주하기에 얼굴이 후끈거릴 정도로 부끄럽다는 생각이 들지는 않았을까?'라고 떠올려 보면서 말이다. 결국, 오랜 시간이 흐르고 현재 그가 입은 옷이 자신의 결과물이 되었다. '내공 100'을 가지고 더 큰 역량과 시청자들의 사랑을 받는 황광희 씨로 말이다. 그가 프로그램을 통해 나눴던 이야기들과 성장 과정들이 내게 진한 여운으로 남아 있다. 지금도 한 번씩 떠오르며 내가 걷고 있는 이 길에 재차 동기를 불어넣는 힘을 주고 있다.

가끔 남편과 이야기한다. "그래, 끝까지 가는 사람이 이기는 거야. ○○○도 예전에는 정말 비호감이었는데 꾸준히 그 자리에 있으니 브랜드 가치가 올라가고 저 모습을 싫어하던 시청자들이 이제는 그 모습이 정겨워서 팬이 되잖아?", "지금은 이렇게 국민배우가 됐지만 10년, 20년 전만 해도 이렇게 잘될 줄 알았어? 약해 보인다고 무시당하던 무명 시절이 무척 길고 길었잖아." 어쩌면 남편과 내가 서로에게 주는 격려일는지도 모른다.

비슷한 이야기를 서로가 꺼낼 때마다 다시 한번 '그래, 쉽게 잘됐던 것이 아니야. 오래도록 꿈을 위해 준비하고 달리며 끝까지 이겨내는 시간을 버텨냈기 때문이야. 나도 지금은 작아 보이고 아직 갈 길이 끝이 없어 보이지만 이런 과정을 정직히 걸어 몇 년의 여정을 지나면 틀림없이 나의 때를 만나지 않겠어? 그러니 찬찬히 한 발짝씩 꾹꾹 눌러 밟아가자.'

지금의 길에서 우리 그렇게 끝까지 가자고 현재의 서로를 다독이는 것이다.

의미와 결과 가치

의미를 중요한 가치로 생각하는 사람들은 자신이 하는 일이나 삶에 대한 목표가 뚜렷한 경향이 있다. 직장생활을 하며 어려운 마음이 들 때마다 스스로 무릎을 일으켜 세웠던 것은 다름 아닌 사명감이라는 '의미'였다. 아침마다 '의미'를 떠올리며 '상사와 동료들 그리고 고객들에게 친절하게 대하리라.' 기도하는 마음으로 발걸음을 가볍게 털어내곤 했다.

디지털 공간 안에서 가장 먼저 수익모델을 시작했던 것은 책을 좋아한다면 누구나 모집하게 되는 독서 모임이었다. 한 달 동안 네 번, 한 시간 동안 진행되는데 첫 기수의 신청비는 1만 원이었다. 독서광이라고 나 자신을 지칭할 정도로 책을 어릴 적부터 끼고 살았으니 책 모임을 시작한 것은 참으로 잘한 일이 아닐 수 없다. 또 한 가지 중요한 것은 책을 좋아하는 사람치고 계산이 빠르고 자기만 생각하는 이기적인 사람은 그다지 많지 않다는 사실이다. '책을 읽어야 한다, 중요하다.'라는 것을 알면서도 당장 이익에만 빠른 사람들은 그 시간조차 아까워 내지 못하기 때문이니 그렇게 걸러지는 것도 싶다. (이것은 지극히 개인적인 내 생각이다.)

아무튼 그렇게 시작된 독서 모임에 많은 분이 참여해주셨고 매주 한 권의 책을 읽고 미리 제시한 발제문을 기본으로 각자 깊이 있게 생각을 나누었다. 그런데 참, 희한하다. 독서 모임에 참여한 분들의 만족도가 높고 그들의 피드백을 통해 굉장히 보람을 느끼면서도 시간을 종료하고 나면 뭔가 모를 헛헛함이 몰려왔다. '내가 들이는 시간과 노력보다 비용 가치가 너무 낮아서 만족도가 떨어지는 것일까?'라는 생각으로 그에 적절한 신청비를 정했다. 처음에는 문제가 해결되는 듯싶더니 금세 똑같은 상황이 반복됐다. 신나게 모임을 종료하고 나서 자리에서 일어나는 나는 '아, 이게 뭐지. 왜 이렇게 마음이 힘들지? 아, 뭐가 문제지?' 남편에게 해결되지 않는 이 답답함을 종종 토로했다.

독서, 책을 사랑하는 이들의 모임, 수익이 되는 콘텐츠. 너무 완벽했지만 간과했던 것이 있다. '의미'만큼이나 중요했던 '결과'라는 나의 핵심 가치가 빠져 있었던 것이다. 독서클럽이라는 것은 내게 충분한 보람과 의미를 주는 모임이었지만 단기적으로 성취감을 느낄 수 있는 성과와 결과물이 자극되어 자기 동기부여가 되는 사람이라는 것을 알게 된 것이다.

열정, 끈기와 더불어 나만의 고유한 핵심 가치(의미, 결과)가 나를 움직여 여기까지 이끌어왔다. 눈에 보이는 재능과 재주만으로 성공하는 법은 없다. 열정과 끈기가 꿈과 성공을 이루기 위한 중요한 특성이라는 것을 알면서도 애써 외면했다. 뭔가 그럴싸한 재주를 찾고 싶었던 것이다. 그러나 1인 사업가로 직접 실제 과정들을 체득해보고 나니 자신이 가진 재능보다도 결정적인 힘이 존재한다는 것을 인정하게 된다.

나를 움직이게 하는 3가지의 힘, 선택적 열정과 지독한 끈기 그리고 의미와 결과 가치(핵심 가치)가 곧 그것이다. 이 3가지는 서로 연결되어 앞으로 나의 꿈과 성공을 이루기 위한 원동력이 되어줄 것이다.

　지금까지 그래왔던 것처럼.

05 오늘은 선택하고 내일은 창조한다

　어느 날은, 한 가지에 참 집중하기 어려운 날이 있다. 전날 수면이 부족한 것도 아니고, 딱히 해결해야 할 급한 문제나 업무가 있는 것도 아닌데 오늘이 딱 그러하다. 내일 있을 책 쓰기 수업 준비도 이미 며칠 전에 모두 해놓았고, 전자책은 밀린 원고 쓰고 난 이후에 쓰기로 했으니 당장 급한 일이 아니다. 오전 동안 오로지 글을 쓰는 일밖에 없는데도 무엇인가 정신이 산만하다. 한창 벚꽃이 피는 산들 한 봄날 이유를 대자니, 오늘은 비도 적당히 내리는 날이다.

　2~3시간 동안, TV를 몇 번이나 틀었다 껐는지 모르겠다. 솔직하게 말

하자면 방금도 TV를 켰다가 3분도 채 되지 않아 끄고 자리에 앉았다. "에잇, 그래도 글 쓰는 자리로 가야지!" 한마디 자신에게 크게 던지고서 말이다. 성격상 닥치면 또 미친 듯이 해내겠지만 언제부턴가 그로 인해 오는 부담감과 미완성의 찜찜함은 거절하기로 했다.

친구와의 약속을 잡을 것인가.

책을 볼 것인가, 어떤 책을 볼 것인가.

드라마 영상을 볼 것인가.

통화를 지금 할 것인가.

콘텐츠 제작을 할 것인가, 몇 개를 만들어 놓을 것인가.

SNS 활동에 얼마큼의 시간을 쓸 것인가.

설거지를 지금 할 것인가.

아이들을 내가 픽업할 것인가, 남편에게 부탁할 것인가.

한 시간 이내에 일어난 내 선택 중 일부러 누구나 공감할 수 있을 법한 사소한 것들만 적어봤다. 이렇게 나열하고 보니 너무 복잡하게 사는 것 아니냐 혀를 내두를 이도 분명 있겠지만 사실은 일일이 기록하지만 않을 뿐 수백 가지의 선택을 하며 오늘을 사는 것이 모두의 현실이다. 이러한 선택의 갈림길에서 한참 동안을 고민하는 이들은 별로 없을 것이다. 무의식적으로나마 그동안 자신의 양식과 기준에 따라 금세 결정이 나고야

말 테니.

딱 1년 전과 오늘의 선택을 비교해보면 엄청난 차이가 있다. 아니, 한 달 전과 오늘의 선택을 비교해보아도 큰 차이를 느낀다. 수많은 선택의 기로 속에서 나의 선택은 이전보다 더욱 꿈과 성공을 향해 더 빠르게 움직이고 반응하고 있기 때문이다. 바로 전 3분도 채 되지 않아 다시 돌아와 앉은 자리에 나는 지금 2시간째 앉아 글을 쓰고 있다. 물론 중간에 제주에 있는 인스타 친구와 통화를 하며 30분을 썼다.

하지만 이 자리에 아직도 앉아있는 것은 오롯이 "에잇, 그래도 글 쓰는 자리로 가야지!"라는 한마디를 뱉으며 제자리로 돌아오기를 선택했기 때문이지 않은가. 편하고 싶은 순간, 혼자서 처리하는 일들이라 좀 더 놀고 편하게 일하고 싶은 순간, 불편함을 스스로 자처하며 올바른 오늘의 선택을 한다는 것 그것은 누구나 하는 일은 아니다.

오늘을 선택한다는 것은 수만 가지의 선택들 가운데 '올바른 선택을 한다.'라는 것이다. 또한 '오늘의 할 일들을 오늘 해낸다.'라는 것을 뜻하기도 한다. 할 것인가 말 것인가의 선택과 함께 나의 꿈과 성공을 위해 오늘 꼭 해야 하는 몇 가지 일을 완성하는 것 말이다. 이것은 오늘 내가 해야 할 일을 온통 나열해놓는 것과는 차이가 있다.

자신의 다이어리에 무수히 적어놓은 리스트에는 자신의 꿈, 성공과 관련한 일이 있을 수도 없을 수도 있다는 것을 생각해본 적이 있는가? 하기 위한, 오늘의 할 일을 온통 적어놓고 해낸 일들을 하나씩 체크하며 '참 많은 일을 했구나.' 성취감에 만족했었다. 정작 내 꿈과 사업과는 전혀 상관없는 일거리들이었음에도 말이다. 어제와 똑같은 일상적인 일들 속에서 자신의 꿈과 성공을 위해 필요한 일들을 오늘 단 한 가지라도 하는 것, 그것을 선택해야만 한다고 거듭 말하고 싶다.

늘 오늘만 살았던 적이 있다. 잠을 자고 해가 뜨면 또 다른 내일이 오는 것이 당연지사이지만 당시에 맞이하던 내일은 꿈과 소망이 없는 오늘의 연장일 뿐이었다. 아침 일찍 일어나 학교에 보낼 아이들과 어린이집에 갈 아이까지 챙겨 보내고 또각거리는 구두를 신고 직장을 나갔다. 종일 자신을 토닥여가며 최선을 다해 일과 사람들을 마주하고 퇴근하는 길은 한없이 피곤하기만 하다. 저녁을 준비하고 집안 정리를 하다 드러눕기 반복이다. 그리고 몇 개월마다 한 번씩 힘에 부쳐 참아왔던 성질이 크게 폭발하고야 만다. 이러한 삶이 몇 년째 되풀이된다면 사실, 오늘만 사는 것이 맞다.

언제부턴가 내일을 아무 말 없이, 남의 집 건너다보듯 하기 시작했다. 그리고 어느 날부터인가 새로운 생각으로 가득 차기 시작하더니 새로운 말과 행동들을 한다. 내게 없던 내일이 햇빛 찬란하듯이는 아닐지라도 어디서 가까스로 틈새 비집고 나온 길처럼 나기 시작한 것이다. 지금 생각해보면 내 삶에 새로운 기운이 깃들게 된 것은 죽을 둥 살 둥 했던 상황 속에서도 굳이 새벽에 일어나 광적으로 책을 읽었던 것이었음이 분명하다. 직장 점심시간에 밥 먹고 한창 졸음이 몰려오는 그 시간에도 책을 펼쳐 들고 단 몇 줄이라도 읽으려 애썼으니 '참으로 애썼다.' 꼬옥 안아주고 싶을 정도이다.

가슴이 너무 뜨겁게 타올라 잠을 잘 수가 없었다. 눈을 억지로 세게 감아도 이리저리 굴러가는 눈망울 때문에 나도 모르게 금세 떠지고야 만다. 의식의 뚜껑이 열리고 나니 내 삶 속에 새로운 꿈과 가능성이 보이기 시작했다.

"와우 이거 완전 대박이야. 나 이런 사람이야. 왜 그동안 내 삶의 언저리만 세상 전부인 듯 쳐다보고 살았을까! 이제야 깨닫다니…."

최선을 다해 오늘의 일상을 정직히 살아냈던 것은 맞다. 그러나 결코 내일이라는 그림이 꿈에서조차 없었다는 것을 시간이 지나고 나니 알게 된다.

매일매일 새로운 생각과 새로운 행동들이 나의 일상을 바꾸고 내일을 창조해낸다. 의식의 전환이 일어나기 시작한 때부터 지금까지 말이다. 스스로 한계라는 옷을 한 겹 두 겹 벗어낼 때마다 그만한 가속력이 더 붙는다. 어제와 오늘보다 더욱 크고 확장된 시각으로 바라보고 그것들을 이루기 위한 새로운 방법들을 상상한다. 새로운 도전과 성장의 기회로 가득 찬 내일을 꿈꾸며 내게로 덜컥 온 기회들을 형태화시킨다. 그렇게 1년 후, 3년 후, 10년 후, 내일의 모습들을 상상하고 창조해내며 오늘의 내가 해야 할 일들을 선택하고 있는 것이다. 오늘의 선택이 내일의 상상을 여닫는 열쇠가 되니 옳은 선택으로 하루를 채우는 것은 굉장히 중요한 일이다. 굉장히 멋스럽지 않은가.

몇 년 전만 해도 나와 상관없는 사람들이라고 생각했다. 성공한 사람들, 부자인 사람들. 그들은 전혀 나와 다른 세계에 사는 사람들이었다. 어느 날, 직장을 그만두고 책 속에서 수없이도 만난 그들이 나의 멘토가 되었을 때 내 인생도 가능성이 있다는 것을 깨닫기 시작했다. 또한 소비자가 아닌 생산자의 관점으로 나의 위치가 완전히 바뀌기 시작했을 때 나는 그들의 이전에서 이후의 삶으로 가는 과정들을 찬찬히 따라가고 있었다. 지금 생각해보니 이 현상은 굉장히 기적과도 같은 변화였다는 것을 고백하게 된다.

그들은 모두 하나같이 미래를 상상하고 그리며 내일을 창조해내는 사람들이다. 매우 훌륭한 많은 성공자가 있지만 그런데도 가장 피부에 와 닿도록 내게 큰 영향을 주었던 이들은 다름 아닌 가장 가까이에서 지켜봤던 그들이 아닐까 싶다. 처음은 주언규 구 신사임당 님, 자청님과 권민창 대표님 그리고 비슷한 선상 위에서 조금 앞서갔던 1인 기업의 선배님들이다.

특히나 구 신사임당 님은 MKYU온라인대학 프로그램에서 유튜브 강사로 이미 알고 있던 분이다. 그의 인생이 역전되고 지금까지 성공하는 과정을 고스란히 친구 지켜보듯 했던 것은 매우 행운이었다고 생각한다. 성공자들의 결과물보다 성공한 자들의 과정들이 나를 성공하게 한다는 비밀을 알게 됐기 때문이다. 자청님 또한 엄청난 기업인으로 처음 알게 되었지만, 그의 허름했던 인생 스토리와 SNS에서 만나게 된 그는 전혀 낯설지 않았다. 가장 큰 이유는 책과 글쓰기를 좋아하는 나와 결이 같은 사업가로 감히 여겨졌기 때문이다.

29만 원짜리 전자책을 냉큼 사보았을 정도이니 그 에너지가 고스란히 흔적으로 남았다. 거기에 권민창 대표님은 이미 SNS를 통해 관심을 가지기 시작하던 차 『일생에 단 한번은 독기를 품어라』 저서를 통해 만났다. 모든 것을 막 그만두려던 찰나 그 시점에 만난 저자는 지금이 딱 그런 때라고 당시의 내가 겪는 과정들을 하나하나 설명하고 자신도 그러했노라고 다독여주는 듯했다. 아니, 정말로 책에 쓰인 그의 발자취는 바로 내 앞을 걸어가는 단 한 걸음이었다.

그들은 모두 내일을 창조해내는 사람들이었다. 스스로 자신의 내일을 상상하고 그려내며 이미 창조해낸 내일을 위해 오늘을 선택하는 멋진 이들 말이다. 오늘을 미친 듯이 열정을 다하고 성심을 다해 정직하게 살아내는 그들이 내게로 온 것은 정말 참으로 다행스러운 일이다. 초반에는 그들의 성공한 결과들만 눈에 들어와 당장 그것들을 가지고 싶었다. 그리고 그들이 하는 말대로만 하면 지금 당장이라도 성공할 것만 같았다. 실상은 그렇지 않았다는 것을 알게 됐을 때, 그때가 시작이다. 시간과 과정이 필요한 일들이었으나 시간이 걸리는 것을 허용하고 싶지 않았다. 심지어 자존심이 상하기도 했다. '최단기 성공자' 명판이라도 걸고 싶었던 걸까? 결과는 굉장히 지치고 고단하였다.

이제는 시간이 정직히 쌓여야 하는 일임을 받아들이며 내가 스스로 창조해낸 내일을 위해 오늘의 일들을 차근히 하기로, 선택한다.

그 일들이 성공을 위한 나의 美친 반란이 아니고 무엇이겠는가.

기회로 가득 찬 날들.

06 이제는 '올바른' 사업에 미쳐보려 한다

나는 매우 가난한 가정에서 태어나 쭉 자랐다. 생각해보니 가난으로 고생했던 아버지는 가난에 대한 열등감을 가지고 계셨음에 틀림이 없다. 오래도록 알고 지낸 고향 친구와 객지에서 각자 가정을 이루고 서로 의지하며 지내면서도 잘사는 친구의 돈과 관련된 이야기라면 별것 아닌 말에도 큰소리로 욕을 해대기 시작했기 때문이다. '돈 있다고 유세하고 잘난 척한다는 둥.' 자존심이 상했음이리라. 그러고 보니 어릴 적부터 돈이 없어 형제들과 부모, 그리고 동네 사람들에게까지 설움을 당했던 그 상처는 평생 아버지께서 돈을 사용하는 방법에 지대한 영향을 미쳤다.

'물질의 축복', '돈의 축복'

오래도록 생계형으로 살아왔던 나는 꾸준히 '물질의 축복'을 위해 기도해왔다. 부모님께서 포기하지 않고 대학 교육과정까지 잘 마칠 수 있도록 애써 주신 덕분에 충분히 가난의 고리를 끊을 수가 있었다. 그것이 부모님의 자녀에 대한 절실한 사랑이요, 바람이셨겠지. 그런데 참 희한하게도 출중한 능력만큼이나 돈을 벌던 나는 또 결혼과 함께 가난한 환경 속으로 스스로 파고 들어간 것이다. 또다시 물질의 축복이 끊임없이 기도 제목이 되었다.

"돈에 대한 위선을 버려라."

'돈에 대한 한국 사회의 태도는 지킬 박사와 하이드 씨처럼 대단히 이중적이다. 어느 종교에서는 돈이라는 말 대신에 물질이라는 단어를 즐겨 쓴다. 신성한 장소에서 돈이라는 단어를 입에 올리는 것조차 불경스럽게 여기기 때문일지도 모른다. 돈에 대하여 말하는 것을 상스럽고 천하게 여기는 태도는 우리 사회 어디서나 나타난다.'

– 필명 세이노 씨의 『세이노의 가르침』 251장

이제야 뭔가 가슴이 시원해지는 것 같다. 그동안의 '돈과 부'에 대한 체증이 한꺼번에 쑥 내려가고 있다. 어린 시절부터 엄마 손을 붙잡고 교회를 다니며 종종 들었던 이야기가 있다. '부자가 천국에 가기보다 낙타가 바늘귀를 통과하기가 더 쉽다', '부자와 거지 나사로 이야기' 설교 말씀을 내가 오해했던 것으로 생각하고 있다. 그런데도 누누이 들어온 이런 이야기들은 자라오면서 나를 둘러쌌던 환경의 모든 에너지와 함께 돈과 부에 대한 '지정의'를 한꺼번에! 완전히! 틀어놓았다.

돈을 벌고 싶어 사업을 시작해야겠다고 마음먹었을 때도 가장 먼저 손에 와닿았던 책 제목이 『부의 품격』이었다. 돈이라고 하는 세속적이고 입에 올리기 주저해지는 이름에 품격이라는 덧옷을 입혀주고 맘껏 이용하고 싶었던 게 아닐까. 돈을 벌기 위해 애쓰는 나 자신을 어떻게든 포장해야만 했다. 그동안 가지고 있던 돈에 대한 부정적인 어감으로부터 나를 지키기 위해서 말이다. 분명 돈이라는 것은 필요한 것인데 나는 돈을 돌같이 보는 신앙인이었으니.

돈을 벌기 위한 사업에 밤낮으로 열심인 내 모습을 보며 이것이 옳은가 싶었지만, '신앙인이 왜 저렇게 돈을 밝혀?!'라고 누군가에게 비난을 받을까 봐 신경 쓰인 것도 사실이다.

'부자와 거지 나사로의 이야기'는 대체 어떤 상징적인 의미를 담은 성경 예화였을까? 새벽에 문득 3가지의 깨달음을 가졌다.

첫 번째, 부의 중요성

두 번째, 부의 존재 의미

세 번째, 부의 사용 방법

부자는 예수님이 이야기하는 하늘나라에 대한 믿음이 없었다. 그는 재산에 매우 집착하며 가난한 빈민들을 돕지 않는 자이다. 즉, 자신의 잘못된 선택으로 구원에 이르지 못했다. 반면 나사로는 신앙생활을 하며 신의 말씀을 따르면서 가난하게 살았다. 물론 가난한 것이 신의 뜻이라는 것은 아니다. 나 또한 가난은 누구에게나 벗어나야 할 과제라고 생각한다. 핵심은 나사로의 영혼은 돈과 부에 얽매이지 않고, '부'보다 신께서 주신 영적 가치를 중요하게 생각했다는 것이다.

돈에 얽매이지 않는 것, 집착하지 않는 것, 영적 가치의 중요성을 강조하며 돈의 존재 의미와 사용 방법에 대한 경고였던 사건이다. 왜 그동안 '부자는 고약해서 천국에 못 가고 가난한 나사로는 착해서 천국에 간다.'라고 단순하게 해석하게 되었을까. 액면으로만 받아들여 오해했던 결과, 마흔에 이르기까지 돈을 멀리하며 살아오게 된 것은 참으로 어리석고 안타까운 일이 아닐 수 없다.

먼저 '올바른' 사업이란 무엇일까. 공통적인 몇 가지 요소들을 나열해 보려고 한다.

첫 번째, 문제를 해결하는 사업이다. 고객의 문제를 해결하고 그들의 불편함을 줄여주는 것이 기본이다.

두 번째, 가치를 창출하는 사업이다. 고객에게 가치 있는 제품과 서비스를 제공해야 하며 그로 인한 지속적인 성장과 이익을 만들어내야만 사업의 기능을 갖춘다.

세 번째, 개인에게서 멈추는 것이 아니라 사회적인 문제를 해결하고 사회적인 가치를 만들어낸다. 규모가 커질수록 더 중요해지는 역할이기도 하다.

네 번째, 새로운 아이디어와 기술을 습득해 새로운 시장과 경쟁력을 갖출 수 있는 창의적인 사업이 올바른 사업이다.

마지막으로 함께하는 직원들의 역량을 개발하고 성장을 지원하는 사업이다.

여기 올바른 사업에 지극히 개인적으로 동기부여를 주는 의미를 가미해볼까 한다. 내게 '올바른' 사업이라 함은 우선 돈과 부, 성공에 대한 위선이 없어야 한다. 올바른 인식에 의한 긍정적 감정으로 본격적인 사업을 일으켜보려는 마음이다. 지금까지도 2% 정도가 부족했다. 부정적인 느낌을 애써 외면하려는 노력이 있었다는 얘기다. 그러나 오늘 새벽, 부자와 나사로의 예화를 곰곰이 사유하며 얻게 된 개인적인 깨달음은 나머지 2%를 싹 다 시원하게 날려버렸다. 또다시 완벽한 부를 향한 재장착이 된 듯하다. (이렇게 완전해지는 작업은 과정의 순간마다 일어나고 있다.) 이제야 이중적인 마음에서의 혼돈이 아닌 정갈한 마음으로 올바른 사업을 일으킬 수 있을 것 같다. 돈과 절대 떼어놓을 수 없는 사업을 돈의 중요성, 존재 의미, 사용 방법을 제대로 깨달아 가능해진 '올바른 사업'을 말이다.

또한 정작 오로지 자신의 사업을 위한 일에 대한 '꼭 해야 할 일'을 하는 것이기도 하다. 대표라는 이름을 가졌던 초반에는 현재의 두세 배가 되는 일들을 했던 것 같다. 동분서주했지만 결국 번아웃을 앞당겼을 뿐 손에 들어온 결과는 허공에 흩어지듯 했고, 그럴수록 빨리 결과물을 내기 위해 조급해지기만 했다. 뭐라도 미친 듯이 하고 있다는 현상이 불안감과 절박함을 해결해주었기 때문에 악순환이 한동안 계속되었다.

비슷한 이유로 1인 콘텐츠 사업을 일으키고자 하는 이들 중, 정작 자신의 사업을 위해 해야 할 일을 하지 않고 돈이 되는 일들에 마음이 혹해서 이리저리 다니는 사람들이 많다. 한동안 진저리가 날 정도로 단기간에 돈을 벌 수 있다는 마케팅들과 무수히 새로 업데이트되는 특강들, 거기로부터 모두 연결되어 있는 오픈채팅방 등. 지금도 몇 백 개의 카톡 메시지가 확인도 되지 않은 채 쌓여 있다. 너무 매력적인 정보들을 무시하고 내 것에 집중하고 선택하기란 절대 쉽지 않은 것이다. 혹하는 마음에 불안하고 조급해지는 일들이 생기기도 한다. 그 유혹을 떨쳐내는 것만으로도 기진이 빠지는 일이다.

내 것이 아닌 것들에 대한 욕심을 버리고 하나씩 내려놓았다. 오로지 나의 콘텐츠 사업과 관련된 '단 한 가지'를 명확히 하는 훈련을 되풀이했다. 결과는 다양한 가지가 각각 요구했던 많은 시간과 에너지들이 단순하게 정리가 되었다. 집중력과 몰입도가 잔가지들을 모두 친 몇 개 남은 가지들에 제대로 된 영양분을 실어 나르기 시작한 것은 큰 변화다. 그리고 난 후 단 한 가지를 위한 일들을 구체적인 업무들로 잘게 부수었다.

자잘한 일들은 결국 '단 한 가지'를 위한 일들이기 때문에 하나의 통로에서 모두 만난다. 살아내야만 하는 각자의 삶이 있을 것이다. 단 한 가지로 통하는 일이라면, 잘게 나눠진 업무 중 오늘 겨우 한 가지만 했다 하더라도 그것이 충분하다. 어느 날은 2가지, 3가지를 할 수 있을지도 모른다. 여기서 주의할 것은, '단 한 가지, 자신의 사업을 위한 일'이어야만 한다는 것을 매 순간 기억하면 된다. 물이 차면, 그토록 원했던 시스템, 구조가 하나둘 만들어진 것을 직접 보게 될 것이다. 다음 시스템을 만드는 것은 이전보다 훨씬 가볍고 쉽다.

이러한 이유로 이제는 '올바른' 사업에 미쳐볼 수 있는 기반이 준비되었다고나 할까. 그동안의 쌓인 경험과 지식의 데이터들이 나를 여기까지 올바르게 이끌어왔다. 거기에는 내가 추구했던 것만큼이나 예기치 못했던 문제와 난관들이 있었다. 현재도 또 다른 성장통을 겪으며 오늘 하루를 신음했다. 그러나 이것을 해결해가는 것이 나의 꿈과 성공을 위한 끊임없는 성장의 과제들이 아니겠는가. 끊임없는 도전, 지속적인 자기 계발과 성장, 여기에 자신감이라는 부스터까지 제대로 달았으니 앞으로 더욱 새로운 가능성과 성취를 계속 경험하게 될 것이다.

미친 듯이 달려볼 생각이다. 이전보다 좀 더 좁아진 그 길은 내가 원하는 성공과 꿈에 맞닿아 있다.

07 1m만 더 내려가면 정말 성공할 수 있을까?

월 1천만 원 순수익 달성!!!

　그토록 원하면서도 결코 가능할 것 같지 않았던 지난해의 목표가 뜬금 없이 이루어졌다. 2주 전, 아니 1주 전만 해도 전혀 예측하지 못했었던 일인데 말이다. 사실, 한 달 전부터 모든 것을 그만두려는 찰나였다.

　새로운 세계, 온라인 세계로 뛰어든 나는 3년이라는 시간을 미친 듯이 달려왔다. 버젓한 직장을 그만둘 수 있었던 것은 당장이라도 성공할 것만 같은 뜨거운 열정과 확신이 있어서였다. 많은 이들이 디지털시대를 이야기하고 온라인 사업과 빌딩을 말했다. '그곳으로 이주해 나 또한 그 동안 내게는 주어지지 않았던 새로운 기회들을 끌어당겨 오리라.' 굳게 믿고 있었다. 지금보다 훨씬 나은, 보다 높은 수준으로 점핑하기 위한 좋은 기회라고 말이다.

크고 작은 어려움과 좌절하는 순간들이 있었지만 분명 나는 성장하고 있었고 그 변화의 모습들을 직접 나 자신과 가족들이 지켜보고 있었다. 가장 큰 성과는 자기 이해와 자기 확신이었다고 자부한다. 그로 인한 언행의 변화는 내 삶에 큰 파동을 일으켰고 어느 순간 나는 매일 책을 쓰는 작가가 되어 있었다.

그런데 참 의아하게도 1년 전부터는 아무리 발버둥을 쳐보아도 끄떡도 하지 않는 벽이 가로막고 있었다. 넘어설 수 없는 커다란 산을 매일 아침 마주하는 기분이랄까. 또다시 힘을 내어 두꺼운 벽을 허물어낼 수 있으리라 다짐하며 아침마다 작은 희망 품고 무너지기를 반복했다. 나보다 훨씬 앞서가는 멘토들을 만나고 수십 권의 책들과 성공자들의 공식들을 배워가며 말이다. 그렇게 한줄기 겨우 새어 들어오는 희망을 붙잡으며 간신히 버텼다. 그러한 시간이 벌써 1년을 채워가고 있었다.

반복되는 좌절과 답답함 속에서 심연의 에너지들이 모두 소진되고 가장 밑바닥을 드러내었을 때 드디어 몸과 마음이 심하게 캄캄해졌다. 1주일간 특별한 원인도 없이 고열이 오르내리기를 반복하며 자리에서 일어나지를 못했다. 하필이면 신간 도서를 출간하자마자, 가장 활발히 움직여야 했던 딱 그 시점이다.

　겨우 서평단 모집만 진행해놓고, 책을 세상에 널리 알리는 작업에서도 아무 힘도 없는 손을 마저 놓았다. 온·오프 저자 강연회를 열고, 마케팅작업도 열심히 하고, 내 책을 필요로 하는 곳곳을 다니며 책을 전달해야 하는데 갑자기 난 모습을 감추었다. 추천사를 써주신 고마운 멘토 님들께 직접 찾아가 사인본을 드려야 함에도 의리를 건넬 의지조차 사라졌다.

　강연 요청이 오고, 라이브방송 요청도 왔지만, 전혀 이전 내 모습답지 않게 의기소침해졌다. 자신이 없어 꼬리 감추듯 슬쩍 피하고야 말았다. 아무런 성과도 결과도 없이 힘들게 버텨오기만 한 것 같은 1년의 시간을 급격한 무기력함에 털썩 내어주고 만 것이다.

　모든 것을 부정당한 것만 같은 좌절감으로 두 번째 신간 도서의 중요한 타이밍도 함께 떠나보냈다. 고열이 오르내리는 일주일 동안 힘없이 신음하며 겨우 호흡을 비집고 나오는 숨소리로 신에게 속삭였다. "제발 일어날 힘을 얻게 해주세요."

　양 팔꿈치에 힘을 싣고 정신 차리고 일어나 앉았을 때, 월 1천만 원이 달성되었다. 순간 아득하게 깊었던 그 순간들이 빠르게 스쳐 지났다. '그때 모두 그만두었더라면…. 그것이야말로 제대로 된 실패였겠지.'

　나폴레온 힐의 저서 『놓치고 싶지 않은 나의 꿈 나의 인생』을 교과서처럼 때마다 꺼내 보고는 한다. 꿈을 향해 열심히 달려가다 오늘의 꿈을 그리는 일이 희미해졌을 때 딱 그럴 때 다시 한번 동기부여를 얻는다. 그날도 그랬다. '포기하는 사나이'에서 '한 번 달려들면 포기하지 않는 끈질긴 사나이'로 성장한 더비의 이야기가 내게 지친 마음에 여유를 가지도록 다독였다. 사소한 실패로 그동안 3년 가까이 쌓아왔던 꿈과 노력을 포기하지 말라고 세미한 소리가 들려온 것이다.

더비는 금광을 찾아 너도나도 서부로 몰리던 골드러시 시대에 콜로라도주에서 가장 질이 좋은 금을 채굴해 그동안의 모든 빚을 갚았다. 그리고 더 큰 꿈에 부풀어 금을 채굴하던 어느 날, 갑자기 금광맥이 사라지고 그의 꿈도 허무하게 사라지고 만다. 결국 모든 채굴 설비를 몽땅 헐값으로 넘기고 고향으로 돌아간다. 단념한 지층에서 겨우 1m만 더 내려가면 몇 백만 달러어치의 금광석을 캐낼 수 있다는 사실을 전혀 모르고, 말이다.

나폴레온 힐은 더비의 예화를 통해 이러한 교훈을 전한다.

'꿈을 포기하기 전, 만에 하나의 가능성을 확인하기 위해 전문가의 의견을 듣는 자세와 마음의 여유를 가진 자에게만 주어지는 선물이었다.'

3년이라는 시간 동안, 미친 듯이 달려오다 거꾸러진 그 시점에서 고통을 느끼며 몸과 마음을 모두 훑어내고 나니 안개 걷히듯 앞이 선명히 보였다. 태풍의 '눈' 속에서 정신을 말끔히 차리고 나 자신을 보았다. 그 시간을 충분히 갖지 않았더라면 어떻게 됐을까. 지난 시간을 돌아보고 현재를 추스르지 않았더라면, 모든 것을 실패라 생각하며 포기했더라면 월 1천만 원 달성이라는 목표를 이루어낼 수 있었을까? 한 치 앞도 예측할 수 없었을 테니 어떤 결과가 내 눈앞에 와닿아 있는 줄도 모른 채 그대로 이전으로 돌아갔을 것이다.

"최후의 어둠이야말로 새벽이 오기 전의 가장 어두운 순간이다."라는 토마스 풀러스가 남긴 명언처럼 성공이 눈앞에 다가왔을 때 가장 어려운 시기를 겪게 된다는 성공자들의 말을 제대로 실감하게 된 계기가 되었다. 물론, 지금 또한 작은 실패들이 없는 것은 아니다. 아직도 속이 상하고 좌절감을 던져주는 실패들이 종종 일어난다. 하지만 과거의 경험은 다시금 정신을 바로 하고 앞을 향해 나아가도록 당시의 살아 있는 감각을 실어준다.

성공이란 무엇일까?

목표했던 1천만 원 달성은 사실 액수가 중요했던 것이 아니라 평범한 내 일상 가운데 전혀 일어날 수 없을 것만 같은 도전을 이루어냈다는 것에 큰 가치가 있다. 내게 아주 작은 성공의 예이기도 하다. '성공'의 정의란 터무니없을 정도로 지극히 개인적이다. 어떤 사람에게는 돈을 많이 벌어 부를 쌓는 것이 성공이라고 생각할 수 있고, 또 다른 사람에게는 행복한 가정을 이루는 것이 성공이라고 이야기할 수도 있다. 사실은 내 주변에도 그런 친구가 있다. 가족들과 행복한 것이 자신의 꿈이라는 이야기, 솔직히 그게 무슨 꿈이냐고 내심 웃기도 했다.

지금에 와서는 충분히 그 또한 가치 있는 성공의 삶이라고 고개를 끄덕인다. 각각의 개인이 자신의 가치관, 목표, 욕구 등에 따라 성공을 정의할 수 있기 때문에 인생에서 중요하다고 생각하는 가치관을 실현하는 것 또한 성공의 기준이 될 수 있다고 생각한다.

간다 마사노리가 성공에 관한 질문을 던졌다.

'당신은 세상에 얼마나 가치 있는 것을 주고 있는가?'

'당신은 다른 사람에게 얼마나 도움이 되고 있는가?'

'이 질문들에 답할 수 없다면 성공했다고 말할 수 없을지도 모른다.'라는 그의 말에 수긍하며 의자 깊숙이 몸을 기댄다. 사명을 운운하며 열심히 애썼지만 아직은 이 질문들에 나조차도 자신하지 못하고 있다. 단지 최선을 다해 해답을 찾고 노력하고 있을 뿐이다.

그런데도 나에게 성공이란, 자유를 얻는 것이다. 많은 사람이 '당신의 꿈은 무엇인가요?'라는 물음에 스스럼없이 경제적 자유를 말하듯이 그런 자유도 포함이다. 제약이 없는 삶을 꿈꾼다. 물리적, 경제적, 정신적으로 완벽한 자유는 아닐지라도 최소한 내가 하고 싶은 일을 자유롭게 선택할 수 있고 그 일을 위한 자원을 충분히 확보할 수 있기를 바란다. 그것은 자유를 갈망하는 내가 건강하고 안정적인 삶을 살아갈 수 있는 것을 의미하기도 한다.

1m만 더 내려가면 "성공할 수 있어."라고 보장을 말할 수는 없다. 많은 일이 인내와 노력을 필요로 하는 것처럼 어쩌면 성공을 위한 일에는 더욱 그만한 기다림의 헌신이 고될지도 모르겠다. 하지만 많은 성공 이야기들에 실패와 좌절이 있었던 것처럼 겸허히 나만의 자유를 위해 1m의 가능성을 절대 포기하지 않을 생각이다.

실패의 정의는 또 무엇일까. 진짜 실패란, 좌절하고 포기하는 것, 다시 시도하거나 도전하지 않는 것, 바로 그것이다. 이미 내가 다시 일어났다면 바로 그 순간 실패가 아닌 것이다. 실패는 늘 우리 곁을 오고 간다. 낙심과 좌절감이 다가올 때 '실패구나.'라는 생각에 얼마나 마음이 무너지는가. 하지만 내가 실패했다고 그 자리에서 포기해버리지 않는 이상 그 어떤 것도 내 인생에 실패일 수는 없다.

작년 12월에 그렇게 아프고 나서 나는 이제 영원히 실패와 결별하기로 결심했다. 정말 실패해버릴 뻔한 그 찰나를 아직도 생각하면 식겁하다. 내 인생에서 꿈과 성공을 한꺼번에 날려버릴 뻔한 진짜 실패를 그렇게 허용했더라면 허울 좋게 성공의 결과만 바랐던 사기꾼 심보 가진 평범한 여자로 되돌아갔을 터다. 이전보다 더 고약하게. 나는 오늘도 매일 크고 작은 실패들 속에서 실패와 결별하는 연습을 하곤 한다. 어떠한 상황에서도 내가 취할 수 있는 최선의 선택과 행동만 있을 뿐이다. 어떤 우연과 기회로 찾아올지 모를 1m의 가능성을 최대한 높이기 위해 말이다.

그러다 보면 어느새 나의 능력과 역량을 최대한 발휘하여 세상에 기여할 수 있는 일을 하고 있지 않을까? 아니, 확신한다.

성공을
꿈꾸는
美친
여자들의
반란

2장
·····

새로운
도전을 즐기는
여자

··

어쩌다 보니
'프로 이직러'로 살아요

- 최미진 -

01 더 나은 삶을 살 자격은 누구에게나 주어졌다

'내 나이 마흔이 되면 완벽한 어른이 되는 줄 알았다.'

10대 때에는 30대였던 나의 아빠 엄마의 존재가 완벽한 어른이었고, 뭐든지 해결을 해주는 해결사였으며 돈 걱정 없이 살 수 있는 멋진 시기라고 생각을 했었다. 20대 때에도 아직 철이 없어 마음만 먹으면 얼마든지 잘 살 수도 정신적으로 어른이 될 수 있다고 믿었던 시기였다. 그런데 막상 30대에 들어가고 중반이 지나고 곧 마흔이라는 나이가 가까워지니 갑자기 초조해졌다.

나름 다양한 경험도 해봤다고 생각했고 유학을 오면서 많은 사람도 만나봤다. 내 속으로 아이까지 낳아 부모가 된 지금, 왜 어른이 된 기분이 아닐까, 왜 꿈꿔왔던 만큼 잘 살고 있다고 느끼지 못하는 것일까?

　얼마 전 네이버에서 '행복'을 검색하다 우연히 2022년도에 발표된 〈세계 행복지수 순위도〉를 찾아본 적이 있다. 146개국 중 한국은 59위였고, 1위가 핀란드, 2위가 덴마크, 그리고 현재 우리 가족이 살고 있는 일본은 54위라고 적혀 있었다. 국가 정책과 교육방식에 따라 나라별로 행복지수가 다르지만 그 국가 안에서 개개인이 느끼는 만족도도 다 다를 것이다. 보통 북유럽 쪽이 행복지수가 높다는 건 그만큼 불만 없이 만족을 하며 살고 있다는 것일 테다. 우리는 그들의 생활양식을 따라 행복지수를 높이고 싶어 한다.

　그런데 과연 행복지수가 높다고 개개인 또한 더 나은 삶을 살고 있는 것일까? 곰곰이 생각을 해봤다. 내가 만약 지금 이대로 일본이 아닌 핀란드로 이주를 해서 살아간다면 54위의 행복감에서 1위가 될 수 있을까? 만약 그게 사실이라면 지금에라도 당장 떠나볼 의향이 있다. 그럼 온 세상 사람들이 북유럽으로 몰려 인구 불균형 현상이 일어나지 않을까? 나 자신이라도 이주하는 것을 참아야겠다! 혼자 상상을 하니 피식 웃음이 나왔다. 사실 나 또한 더 나은 행복을 찾아서, 아이들을 위해서라면 북유럽이든 어디든 데리고 가고 싶다고 생각을 한 적이 있었다. 아름다운 자연이 있고 국가가 보장해 주는 충만한 복지시설에 맞벌이를 해도 국가가 아이들을 키워준다고 하는 나라들. 좋은 점이란 좋은 점은 죄다 모아 놓은 것만 같은 텔레비전의 방송을 보니 그들의 교육 환경이 완벽해 보이기까지 한다. 만약 다시 태어난다면 그런 나라에서 태어나고 싶다. 일장춘몽이라도 좋으니 제발 한 번만이라도 경험을 해 봤으면 좋겠다는 생각마저 든다.

'더 나은 삶을 산다는 것은 도대체 어떤 것일까?'

마음이 괴로운 사람에게는 정신적인 것일 수도 있고, 몸이 많이 고달픈 사람에게는 육체적인 것일 수도 있고, 그것도 아니면 경제적으로 더 나은 삶을 갈망하는 경우도 있을 것이다. 사람에 따라 자기 자신을 기준으로 거기에서 딱 한걸음 더 나은 삶일 수도 있고, 아니면 타인의 여러 가지 환경과 비교해 더 발전하고자 노력하는 삶을 살고 싶은 것일 수도 있다. 그런데 생각해보면 우리는 왜 이전에 비해 훨씬 물질적으로 풍족한 환경임에도 불구하고 잘 살지 못한다고 생각을 하는 사람이 많게 된 것일까? 그것도 참 이상하다.

지금은 돌아가셨지만 어렸을 때 우리 아빠의 직업은 농부였다. 초등학교 때 부모님 직업을 쓰는 설문조사에 엄마 직업에는 자영업, 아빠 직업에는 농부라고 써서 회장에서 제출했다. 반 아이들은 어떻게 알았는지 "애들아~ 미진이 아빠는 농부래~!"라고 소문을 냈고, 놀림을 당했다.

난 아이들의 짓궂은 놀림에 얼굴이 붉어져서 아무 말도 못 했지만 정작 아빠가 농부라는 사실을 부끄러워했던 것은 아니다. 지금이었다면 "우리 아빠는 대학교에 합격까지 했는데 가업을 잇기 위해서 시골로 돌아간 거야!"라고 이야기를 했었을 텐데 그때는 어려서 그런 상황을 알지 못했겠다 싶어 아쉽기도 하다.

어쨌든 가난했던 아빠의 본가는 농사를 지으며 옛날 초가집에 아궁이 불을 때어 방도 데우고 소여물도 쑤어서 주는 집이었다. 전래동화에서 나오는 흥부네 집처럼, 그런 집이었다. 어렸던 나는 그런 시골집이 좋았다. 증조할머니 방에는 메주가 달려 있어서 쿰쿰한 냄새가 나고 방안에는 항상 뭔가를 말려 놓고는 했다. 하물며 지글지글 뜨거운 좁은 온돌방에 실을 토해내는 누에 전용 방도 있었다.

그랬던 어느 날, 할아버지 할머니의 새로운 집을 짓는 날이었다. 초가집에서 현대식 양옥으로 바뀌는 역사적 순간이었는데, 집을 지으면서 이곳저곳 둘러보던 아빠의 신나는 얼굴이 아직도 눈에 선하다. 나중에 자라서 알고 보니 추운 날 밖에 나와 빨래를 하시는 할머니와 소여물을 끓이시는 할아버지를 보며 며느리이기도 했던 엄마는 마음이 너무 아팠다고 한다. 나이 지긋하신 두 분이 고생하시는 것을 차마 두고 볼 수 없었던 엄마는 오랫동안 힘들게 벌어 모은 돈으로 시부모님 집을 지어드렸다는 것이다.

자신보다 시부모님의 더 나은 삶을 위해 그동안 힘들게 모은 전 재산으로 새 집을 지어 드리다니! 당시 엄마의 나이는 지금의 내 나이보다 훨씬 더 어렸을 때이다. 오늘도 더 나은 삶을 살기 위해 애쓰는 내 삶을 돌아보며 열심히 살아왔다고 자부했다. 그러다 문득 떠오른 엄마의 그 당시 모습을 사유하게 된다.

'나는 더 나은 삶을 향해 어떤 노력을 했고, 하고 있는가? 나에게 더 나은 삶이란 어떤 것이며 누구를 위한 것인가?'

결혼을 하고 내 가족이 생기면서 자연스럽게 남편과 아이들이 행복하면 나도 행복할 것이라 믿고 그들에게 집중하며 그냥 열심히 살아온 듯하다. 간혹 내 자신에 대해 의심하기도 했다. 하지만 내 인생에서, 나는 변함없이 가족을 위해 노력하는 일상을 살아왔다. 가족들이 행복해 보이는 모습을 보면 나조차도 행복해진다. 이런 노력과 모습은 내 부모님들의 모습과 닮아 있는 것이 아닐까? 내게 더 나은 삶은 나와 내 주변 사람들을 위한 것이다. 이런 생각들은 나를 더욱 더 자신감 있게 만들고, 나의 삶을 더 나은 방향으로 나아갈 수 있게 해준다. 어쩌면 그때는 보이지 않았던 부모님의 노력이 나에게까지 이렇게 흘러들어온 것이 아닌가 감사한 마음이 들기도 한다.

더 나은 삶은 무엇인가를 갈망하게 된 주변의 환경과 동기, 그리고 추구하는 개개인의 방식에 따라 서로 다를 수 있다고 생각한다. 요즘처럼 물질적으로 풍족한 세상에서조차도 더욱더 잘 살기 위해 노력하는 사람들이 가득하다. 매일의 목표를 세워 그 목표에 도달하고 더 높은 곳을 향해 노력하는 사람들 말이다. 그들에게는 풍족한 경제적 자유와 목표를 달성하는 일이 더 나은 삶을 위한 일이라고 생각할 테다.

어떤 사람들은 소확행이라고 해서 큰 행복보다는 작은 것에도 감사를 하며 소소한 행복을 즐기자는 사람이 있고, 불교 용어로 무소유가 최고의 삶이라고 주장하는 사람들도 있으니, 결국 더 나은 삶에 대한 가치관과 자격은 스스로가 갖춰야 하는 것만은 확실한 것 같다.

몇 년 전 아이들과 함께 재미있게 감상했던 애니메이션 〈씽(SING)〉이라는 뮤지컬 영화가 있다. 이 영화는 문(MOON) 극장의 주인인 코알라 주인공이 아버지에게 물려받은 망해가는 극장을 살리기 위해 오디션을 여는 이야기이다. 우승 상금과 최고의 가수로 뽑히기 위해 저마다 꿈을 가지고 참석한 등장인물들 중 로지타를 소개하고 싶다. 회사원 남편과 25마리의 자식이 있는 전업주부 돼지 엄마, 로지타. 25마리나 되는 아이들을 돌보며 아무리 발버둥 쳐도 헤어 나올 수 없을 것 같은 힘든 일상 속에서도 자신이 꿈꿨던 삶을 실현한다.

가족을 위해, 더 나은 삶을 살기 위해 헌신하면서도 자신의 삶을 선택하고 자신만의 삶을 즐길 수 있는 방법이 있다는 것을 보여주는 로지타의 모습을 보며 나 또한 그런 생각을 했다. 살다 보면 지금에 만족하지 못 해 더 나은 삶을 꿈꾸며 복권당첨을 꿈꾸거나 돈을 벌 수 있는 기회를 잡으려는 노력을 하게 된다. 로지타 역시 처음에는 가족들과의 더 나은 삶을 위해 큰 상금이 걸린 포스터를 보고 오디션에 나가게 되는데 포기하고 싶은 순간이 있었지만 극복하고 노력하는 과정에서 자기의 자아실현과 가족과의 행복까지 손에 쥐게 된다.

이 영화를 보며 나는 '모든 인간이 꿈꾸고 추구하는 삶이 다를지라도 우린 모두가 이것을 실현할 수 있는 능력과 가능성을 가지고 있구나! 어쩌면 이렇게 자신을 위해 그리고 가족과 그 주변을 위해 더 나은 삶을 꿈꾸고 나아가는 것 자체가 우리가 기회를 잡고 노력만 한다면 누구나 더 나은 삶을 살 자격이 있다는 것을 증명해 주는 것이 아닐까?' 하고 생각을 해본다.

결국 더 나은 삶을 살 자격은 당신과 나 모두에서 주어진 것이다. 어느 누구에게나 평등하게 말이다.

2022년도 기준으로 보건복지부의 'OECD 보건통계 2022'자료에 따르면 우리나라 기대수명이 83.5세라고 한다. 일본의 남자 평균수명은 82세, 여자는 88세, 2019년 남녀 평균 수명 세계 랭킹으로는 1위의 나라 일본이 84.3세고 3위인 한국이 83.3세라고 한다. 이 정도면 우리나라와 일본은 세계에서도 탑클래스에 속하는 장수 국가인 듯하다.

세계 기네스북에 오른 프랑스 여성은 120세를 넘은 유일한 인류로 122세까지 살았다는데 '아니 122세라니!' 나도 모르게 입에서 '헉!'이라는 소리가 절로 나왔다. 인터넷을 찾아보니 정확한 자료가 없어 어림이긴 하지만 옛날 조선시대에 살았던 일반 백성의 평균 수명이 35세 정도였고 왕들은 약 46세까지 살았다고 한다.

내가 만약 그 시절에 태어났더라면 이미 이 세상 사람이 아닐지도 모르겠다. 이렇듯 현대에 와서는 의료의 발달로 인해 100세 시대라는 말까지 붙었다. 내 나이 올해 39세. 만약 건강하게 80세까지 산다고 가정을 하면 내 인생에서 딱 반 정도 온 게 아닐까? 그냥 열심히 살아오느라 나이를 의식한 적은 없지만 어느 때부터인지 생일 케이크에 꽂는 초의 개수가 점점 늘어나며 느끼는 이 이상한 기분은 뭘까? 올해만 해도 그렇다. 39번째 생일이면 초를 긴 걸로 3개 짧은 것으로 9개 꽂아야 하는데 총 12개를 꽂으면 생일 케이크를 테러하는 것과 마찬가지라 차마 다 꽂지 못해 3개만 꽂았다.(물론 숫자 모양의 초를 쓰면 되지만 케이크를 살 때 주는 막대 초를 또 꽂고 싶어지기에….)

사실 아이들에게는 작년까지만 해도 엄마가 28세이고 아빠가 36세로 말해둔 것도 속아 넘어갔는데 점점 눈치가 생겨나니 아무래도 엄마와 아빠가 비슷해 보이는데 나이 차이가 많은 것이 이상 했나 보다. 그러니 당시 초등학교 2학년인 오빠보다 2살 어린 딸이 나에게 물었다.

"엄마가 아빠보다 많이 어린 거야?"
"그렇게 어린데 둘이 결혼할 수 있어?"
"내가 보기엔 아빠가 더 젊어 보이는데 왜 그렇게 나이가 많아?"

이 정도가 되면 이제 사기(?)를 칠 수 없게 된다. 솔직하게 이야기를 하니 이때까지 자기들에게 거짓말을 했고 배신을 했다며 난리가 났다. 동네방네 큰 소리로 "우리 엄마는 39세이다." 하고 고래고래 소리를 질러댔다.

'그래! 마음껏 소문내도 돼! 내 나이가 어때서?'

난 84년 쥐띠, 나의 엄마는 60년 쥐띠, 외할머니는 36년 쥐띠 시다. 3대째 쥐띠 가족인 것이다.

나의 엄마와 외할머니는 나와 같은 나이였을 때 어떤 일을 하고 있었을까? 어떤 생각을 했고 또 경제 상황은 얼마나 되었을까? 인생의 중간 지점까지 달려온 마흔이라는 나이에서 그 후 10년간 펼쳐질 일들은 또 어땠을까 하고 궁금한 마음에 3대 여자의 연대표를 그려 보았다.

'그러고 보니 외할머니가 마흔이었을 때, 그리고 엄마가 마흔이었을 때, 엄마와 나는 같은 나이였잖아?' 궁금한 마음에 당장 엄마에게 전화를 해서 물었다. (다음 대화는 대구사투리로 상상하며 읽어주세요!)

"할매가 마흔이었을 때 엄마 나이가 열여섯이었나? 그때 할매는 어떻게 살고 있었는데?"

"아니 그걸 갑자기 왜 묻는데?"

"그냥 나도 요즘 마흔이 가까워지다 보니 이런저런 책들을 읽고 있는데 그중에 김미경 학장님의 『마흔 수업』이라카는 책을 읽다가 할매랑 엄마는 그때 어떻게 살고 있었나 궁금해서 그러지~."

일본에 있는 나는 저녁 늦게 엄마에게 라인 영상 통화를 하며 김미경 학장님의 책을 들어 보여주며 물었다. 엄마는 잠시 천장을 쳐다보며 생각난 듯 말을 꺼냈다.

"그때는 엄마가 고등학생 때인데 할머니가 먹고산다고 고깃집을 하면서 아등바등 열심히 사셨지. 그전에는 생활이 많이 힘들었는데 그때부터 돈도 좀 벌고 사정이 좋아지기 시작했지. 처음에는 집도 없었는데 그때 번 돈으로 기와집도 사고 그랬네."

지금 생각해 보니 내가 본 사진첩 속 외할머니의 50대는 왁스를 발라 파리도 앉으면 미끄러질 듯 올백을 한 머리에 항상 수제로 주문한 옷을 깔끔하게 입고 계시고 광이 나는 에나멜 소재의 높은 구두에 커리어우먼의 이미지였다. 말만 들어도 30대 끝까지 열심히 가족을 챙기시며 달려오시다가 40대부터 집을 장만하고 50대부터는 여유가 생겨 멋쟁이가 되신 느낌이었다.

그럼 우리 엄마는 어땠을까? 이건 나도 아주 자세하게 기억을 하고 있기에 물을 것이 없었다. 엄마는 벌써 30대에 그때 시골에서 유행하던 트렌드인 양옥집을 지어드리고, 농사를 짓는 아빠의 고급 트랙터에 배달에 필요한 화물차에, 또 아빠가 갖고 싶어 하시던 트라제까지 선물하시곤 우리 4식구, 아니 마흔에 태어난 우리 막둥이까지 5식구가 살 자그마한 아파트까지 장만해놓은 상태였다.

한 마디로 표현해서 여장부 같은 삶을 사셨던 두 분이다. 머 조금 분위기는 다른 여장부이지만 내가 세상에서 가장 존경하는 우리 엄마…. 자기 가족을 지키기 위해 인생의 반을 그렇게 열심히 살아오셨다. 그리고 나도 여기에 오기까지 두 분과 경제적 능력은 비교할 수 없지만 나름 가족을 위해 달려왔다.

30대 마지막에 내가 뛰어든 곳은 '생계형 보험 컨설턴트!'

2020년, 코로나로 인해 온 세계가 정지가 되어버렸던 해. 숙박업이 힘들어져 운영하고 있던 셰어하우스 건물이 경매로 넘어가 백수가 되고 일주일도 채 지나지 않았던 날이었다. 같은 유치원에 다니는 선배 엄마가 교육도 시켜주고 일자리도 준다며 이번 주에 당장 시작해 보자는 말에 나는 흔쾌히 보험 컨설턴트업으로 뛰어들었다. 일명 '보험 아줌마'가 된 것이다.

처음 1년 동안은 기본 금융지식 관련 교육을 시켜주면서 3개월 차부터 지역 고객 리스트를 주고 기존 고객들에게 인사를 다니는 일부터 시작되었다. 영업의 영자로 몰랐었지만 처음에는 고객들에게 선물을 들고 인사하러 다니는 일이 즐거웠다. 하지만 생명보험 회사란 곳이 이직률이 높은 곳이다 보니 담당자가 인사도 없이 그만두는 일이 많아 또 담당자가 금세 바뀌었냐며 호통을 치시는 분들도 몇몇 있었다. 혼이 나도 쓸쓸하게 돌아오는 날이 있어도 또 방문을 해서 진심으로 대화를 하다 보니 모두 마음을 열어주셨다. 그리고 방문한 지 1년 뒤 2년 뒤에는 더 좋은 상품으로 가입을 해주시고 가족 분들과 지인도 소개를 해주셨다. '아~ 이런 게 영업이구나!' 그 후 나는 고객과의 소통 후에 믿음을 얻었다는 보람을 느끼게 되었다.

보험회사의 일은 고객의 건강 상태와 재정 상태를 파악하고 미래에 일어날 일을 대비하게 해주는 '댐' 같은 역할이라 생각한다. 언젠간 닥칠 가뭄과 홍수에 대비해 물을 담아둘 수 있는 '댐' 말이다. 이건 사람마다 달라 이 댐을 필요한 시기에 쓰고 남을 여생을 보낼지 아니면 그냥 담아두기만 하고 쓰지 않는 사람도 있다. 여기서 내가 한 일은 단순히 회사에 이익만 가져다주는 보험상품만을 판 것이 아니었다. 아니 오히려 그냥 정해진 상품만 파는 일이라면 교육비만 받고 나왔을지도 모른다. 난 사실 영업을 잘하는 사람이 아니라 신규 개척보다는 기존 고객들을 방문하여 이야기를 들어가며 옛날 보험상품을 좀 더 좋은 상품으로 업그레이드

하는 일을 주로 해왔었다.

보험회사에서 하는 일은 보험계약을 따내는 업무 이외에 보험금 지급 수속을 밟는 업무도 있다.

2020년 중반부터 불티나게 팔리던 상품이 팔린 만큼 보험금 수속 건수가 올라갔다. 코로나든 질병이든 수술이든 병원에 갔다 오면 우선 영업사원들에게 전화가 걸려온다. 그런 분들에게 당장 달려가 한 분 한 분 만나면서 건강 상태는 어떠신지 물으며 보험금 수속 절차를 도와드린다. 이렇게 자주 만나 뵙던 고객들 분 중에는 요양 중에 돌아가시는 분들이 많이 있었는데, 그분들의 마지막 사망 수속을 밟아 남은 사망보험금 지급이 있을 시에 처리를 해주고 인사를 드리러 가는 것이다. 3년 동안 해마다 몇 회나 방문을 하며 이야기를 해온 고객님들의 죽음을 수차례 봐오니, 앞으로 어떻게 나에게 주어진 인생을 반을 살면 좋을까 생각하고 계기가 되었다.

그러는 동안 운명에 대해 관심을 가지게 되어 '타로카드 마스터 자격증'과, 여생을 준비하는 '종활(終活)어드바이저 자격증'까지 따게 되었다. 지금은 고객들의 마음을 더 잘 들어주고 싶은 마음에 '심리 카운슬러 자격증'과 사주 명리 공부도 시작하였다.

같이 일하는 회사 사람들과 대부분 고령자이신 지역 손님들에게 내가 상품을 팔러 다닌 것이 아니라 그들이 나에게 많은 교훈을 주고 월급까지 주신 것이다. 물론 만난 사람들 중에는 좋은 사람, 좋은 상사, 직장동

료만 있었던 것은 아니다. 그들의 그릇된 말과 상처를 주는 행동조차 나에게는 반면교사였다. 나는 이렇게 탄생에서 장례까지 일생의 순환을 짧은 시간에 많은 사례들을 보며 그분들이 가지고 살았던 운명의 지도 어딘가에 내 마음속 운명의 지도에도 점을 찍으며 살아가고 있다. 불로장생을 할 수 없는 생명체들은 자기만의 운명의 지도를 가지고 있을 것이다.

옛날보다 수명이 늘어 지도의 마지막 골인 지점은 조금 더 늘어났을지도 모르겠다. 어느 누구는 가장 편하고 빠른 길만 안내해 주는 고급 내비게이션을 장착해 가는 사람, 장비를 살 여유가 없어 가던 길이 막히면 열심히 굴을 파서 지나가는 사람, 주변 사람들이 아무리 말려도 굳이 험난한 산과 강들만 지나다니는 사람.

나 자신은 그 어떤 지도를 가지고 있든 과거의 길을 되돌아보지 말고 후회하지 말며 앞으로 남은 여정을 즐겁게 콧노래를 부르며 가는 사람이 되고 싶다. 천천히 돌아가는 길이라도 사랑하는 사람들에게 한 사람씩 은혜를 갚아 나가며 말이다.

내 안에는 지금까지 살아온 지 40년 가까이 되는 인생 데이터가 축적되어 있다. 짧은 시간이었지만 특히 지금의 보험 컨설턴트 일 덕분에 단시간에 더 많은 분들을 만나 이런저런 이야기를 듣고 다양한 경험을 쌓을 수 있었다. 당신도 분명 가슴속에 자신만의 운명의 지도를 품고 있을 것이라 생각한다. 어디까지 왔는가? 또 지금까지 어떻게 왔는가? 오면서 어떤 일들을 겪었는가? 우리는 앞으로 더 가야 하고 아직 가보지 않은 여정이 기다리고 있다. 마음을 가다듬고 이때까지 준비해온 짐을 싸서 다시 출발해 보자! 너무나 설레는 여행길이 될 것 같다.

03 마음이 이끄는 대로

입사 당시 보험회사의 이사장님과 면접을 볼 때 생각 난 것이 있다. 당시 이사장님은 얼굴이 하회탈에 머리숱은 듬성듬성 나서 머리 살이 거의 보일 정도에 몸집은 건장하시고 품위 있는 뱃살을 가지신 분이다. 연세가 정년을 넘으셔서 70 가까이에 저승꽃이 피어 곳곳이 거무스름한 얼굴에 조금 무서운 인상을 받았다. 항상 깔끔하시고 소매 와이셔츠에는 이사장님의 이니셜이 박힌 고급스러운 정장 차림으로 항상 직원을 한 명한 명 기억해 주시는 분이다. 이런 분이 나의 직장을 여러 번 옮긴 화려한 이력을 보시고는 대단히 많은 일을 경험했다고 칭찬을 해 주시며 면접을 시작한 날이 기억에 남는다.

"일본어를 아주 유창하게 잘 하는데 어떻게 일본에 오게 되었지요?"

"초등학교 3학년때 일본에 살고 계시는 작은할아버지의 장례식 문제로 일본에서 걸려 온 전화내용을 듣게 되었어요. 그때 아버지가 일본어로 이야기 하는 것을 듣고 저도 언젠간 일본어를 잘 하고 싶었습니다. 그 계기로 유학도 오게 된 것입니다."

"아~ 아버지 덕분이군요!"

이렇게 면접 중 이야기를 이어 나가다가 마지막으로 생각이 나서 한 말이 있다.

"한국에서 전문대학교를 졸업하고 처음으로 면접을 본 곳도 생명 보험 회사였습니다. 그때 취업 대신 일본유학의 길을 선택한 제가 이렇게 돌고 돌아 보험회사의 길로 다시 들어온 건 아마 운명인 것 같습니다."

이 이야기를 듣고 이사장님은 더 하회탈 같은 미소를 지으시며 정말 인연인 것 같다며 껄껄 웃으면서 맞장구를 쳐주셨다.

난 누군가와 함께하는 여행을 준비할 때는 가기 몇 달 전부터 들떠서 계획을 촘촘하게 세우는 편이다. 단 한 시간도 낭비하지 않고 가능한 분 단위까지 맞추기 위해 이동시간을 재고 경비도 정확히 산출한다. 평소에

덜렁되고 생각보다 사소하다고 느끼는 일에는 아주 마음을 넓게 쓰는 편인데 말이다. 이 부분은 나의 가족들이 아주 잘 알고 있었다. 일본에 처음 와보는 여동생을 데리고 히로시마에 여행을 갔을 때가 생각이 난다. 관광통역학과를 나온 나는 내 특기인 여행 일정 짜기를 살려 몇 날 며칠을 히로시마 여행 계획을 짰다. 2박 3일 만에 히로시마의 유명한 곳은 다 돌고 오리라! 얼마나 일정을 빡빡하게 짰냐고 하면 한겨울 눈과 비가 번갈아 내리는 추운 날에 흠뻑 젖은 부츠를 끌고 빠른 걸음으로 따라오던 동생이 울음을 터트렸다.

"언니야~ 천천히 좀 가자! 힘들어 죽겠다!"

나는 그때 정신이 번쩍 들었다! 나 자신은 하나도 힘들다고 생각하지 않았던 여행 일정이 숨이 막힐 정도로 즐거웠기 때문에 이것저것 데리고 가주고 싶은 생각에 무언가에 홀린 듯 돌아다니다 망치로 머리 한 방을 맞은 느낌이었다.

그런데 내가 주도를 할 수 있는 나의 20대부터 지금에 이르기까지 약 20년의 세월이란 여정은 처음부터 짜 놓고 걸어온 길일까? 아니면 그냥 살다 보니 여기까지 오게 된 것일까?

순간순간 목표를 향해 몰입을 했던 지점들이 있었다. 분명한 것은 내 인생이 두둑한 여행경비를 가진 남이 짜준 호화로운 패키지여행은 아니었다는 것이다. 여기까지 온 게 된 것이 문득 나 자신이 100프로 설계한 자유여행은 아니지만, 주변의 도움으로 비행기 정도 탈 여유가 있어 중간중간 내려 자유롭게 돌아다니다가 다시 정해진 숙박업소로 들어온 느낌이랄까? 그들은 나에게 잠자리와 교통편을 제공해 주고 '너의 마음이 이끄는 대로 한 번 돌아다니다 오렴.'이라고 가볍게 어깨를 쳐준 것만 같았다.

일본 대학 편입 유학을 결정하기 전에 엄마가 몇 번이나 물었다.

"그냥 일본 가지 말고 엄마랑 한국에서 일하면서 시집도 가서 살면 안 되겠나?"라고.

난 잠시 마음이 약해졌던 날도 있었다. 하지만 나도 한 번 정한 길이면 그 길로 우선 들어가 보고 마는 성격 때문에 사정을 하는 가여운 엄마의 기대를 저버리고 유학을 떠나게 된다. 그 뒤로 세월이 흘러 한국에 있는 대학원에 합격을 해서 한국에 들어갈 날만을 손꼽아 기다리며 귀국 짐을 정리하던 그때 마침 일본인 남편을 만나게 되었다. 태어나서 국제결혼을 생각해 본 적은 한 번도 없었던 나인데 어쩌다 보니 마음에 이끌려 버린 것이다. 결혼을 하고 싶다고 엄마는 말을 하니 조금 당황을 한 듯했다.

"네가 좋다면 엄마는 반대는 안 하겠지만, 다시 한번 생각을 해보면 안 되겠나? 한국에도 좋은 남자가 많은데… 한국 와서 엄마랑 사는 건 어때?"라고 말을 했다.

한번 상상을 해보았다. 만약 그때 한국에 돌아가서 지금 이 남자가 아닌 사람과 결혼을 해서 살았다면 어떻게 살고 있을까? 몇 년 전까지만 해도 일본에서 한국 드라마를 꼭 찾아 즐겨보면 나는 〈아는 와이프〉라는 드라마가 생각이 났다. 내가 좋아하는 배우 지성과 한지민 씨가 나오는 드라마인데 여기에 나를 대입해 보니 그냥 끔찍했다. 만약 한국행 길을 택했더라면 지금의 아이들이 없었기 때문에 절대 있을 수 없는 일이다. 역시 일본에 오게 되어 아이들과 함께하는 이 행복한 시간은 지금도 그 무엇과도 바꿀 수가 없는 추억이다.

아이 둘을 출산하고 양육하는 과정에서 어떻게 육아를 하면 좋을지 교육학을 공부하고 힘들었던 마음을 다스리면서 3년 전부터 심리학 공부를 시작했다. 얼마 전부터 유행하고 있는 '메타인지'라는 단어가 교육방송과 유튜브에서도 많이 나오는데 메타인지가 있는 아이들의 경우 아는 문제와 모르는 문제를 잘 인지하고 있기 때문에 효율적으로 공부를 할 수 있고 또 그런 아이들의 대부분이 성적도 우수한 경향이 있다는 것이었다. 나 자신을 잘 알면 내 마음이 어떤지 나의 상황이 잘 파악이 된다. 내가 무엇을 원하는지 무엇을 하고 싶은지 그냥 시키면 하는 수동적인 인간이 아닌 능동적인 인간이 되게 해주는 것이 이 메타인지 덕분이라 생각한다. 그리고 나는 성인이 되어서도 이 메타인지와 자신만의 철학이 있는 사람이 자기 인생을 주도적으로 그들이 원하는 방향의 마음이 이끄는 대로 잘 살아갈 수 있다고 생각을 한다.

'난 주변의 조언 따윈 절대 듣지 않고 나만 생각하면서 내가 하고 싶은 대로만 살아갈 거야!' 라는 느낌이 아니다. 살아오면서 시행착오도 종종 겪었지만 그럴 때마다 나의 판단을 믿으며 소신 있게 이 길을 걸어왔다. 그 사람만의 색깔이 다 다르니 각자가 걸어가는 길이 내 생각과 맞지 않더라도 틀린 것은 아니다. 물론 비난을 할 필요도 없다는 것도 잘 알게 되었다.

나를 먼저 알고 내 마음이 이끄는 대로 사는 삶이야말로 자유로운 인생이 아닐까? 누군가가 짜준 인생판에 들어가는 것보다 내가 짜는 인생판에서 놀아보는 것, 이렇게 살아가면 누구의 탓도 아닌 내가 결정한 일의 결과가 되는 것이니 지금의 나의 아이들에게도 꼭 그렇게 하라고 당부하고 싶다.

나 또한 지금까지 내가 걸어온 길은 그 누구의 지시와 강요가 아닌 내가 결정해온 길이며 이 길을 후회한 적이 없기 때문이다.(단, 반성을 한 적은 있다.)

내 마음이 이끌리는 대로 살아가면서도 이게 정답인지 저게 정답인지 곧 정답을 알고 싶어 안달이 날 때도 있었다. 이 길이 맞나 안 맞나 누군가에게 확인하고 싶어서 타로카드에게 의존을 한 적이 있었다. 하지만 타로카드는 내가 원하는 100프로 정답을 가르쳐 주지는 않았다. 그저 지금 너의 마음이 이러니 이쪽은 주의를 해야 된다. 겉으로 보이는 너의 마음과 속마음은 사실 다르다고 가르쳐 준 적이 많이 있었다. 타로카드는 마치 나도 모르는 솔직한 나의 내면을 비춰주는 거울 같았다.

　그러던 어느 날 타로카드에 의지를 하면서 살아오던 나는 깨달았다. 나에게는 메타인지가 없었던 것이 아닐까? 내가 원하는 대로 살아오면서도 속으로는 불안을 느끼며 달려왔던 나날인 건 아닐까? 그래서 어느 날부터 미안하지만 타로카드를 꺼내보는 대신 난 내가 살고 싶은 모습을 정확하게 적어보았다. 버킷리스트부터 1년 후 목표, 2년 후, 5년 후, 10년 후, 그리고 장례식 날의 풍경까지. 계획 세우기가 특기인 나에게는 이 정도는 어렵지 않은 작업이었다. 그리고 나서는 나는 이런 사람이며 이렇게 살고 싶다는 가치관을 가지게 된 것이다.

　내 마음이 이끄는 대로 삶에는 나만의 철학이 꼭 마음속에 중심을 잡고 있어야 한다는 것을. 나만의 가치관이라는 기둥이 있을 때 아무리 모진 바람이 불어도 버텨낼 수 있다. 『연금술사』를 쓴 파울로 코엘료의 『아처』라는 책 내용 중에 나오는 이런 구절이 나온다.

"결과가 좋든 좋지 않든 그날 아침의 활쏘기에 너무 휘둘려서는 안 된다. 앞으로 수많은 날이 남아 있고, 각각의 화살은 그 자체로 하나의 삶이다. 잘하지 못한 날들을 교훈으로 삼아 네가 흔들린 이유를 알아내라. 잘한 날들을 거울 삼아 내면의 평온으로 이르는 길을 찾아라. 하지만 두려워서든 즐거워서든 정진을 멈춰서는 안 된다. 궁도에는 끝이 없기 때문이다."

　―『아처』, 파울로 코엘료, 문학동네

우리의 인생을 활쏘기에 빗대어 이야기를 해주는 책인데 이 구절이 가장 마음에 닿았다. 마치 멀고도 힘든 마라톤 경기 중에 옆에서 같이 뛰며 응원을 해주는 존재 같은 구절이었다. 살아가며 수많은 선택 속에서 갑자기 안개가 끼어들어 앞이 잘 보이지 않을 때, 그래도 멈추지 말고 잘하지 못한 날들을 교훈으로 내가 흔들린 이유를 알아내야 한다. 내가 나를 분석해서 잘 알아야 다시 흔들릴 때 재빨리 나를 잡을 수가 있다. 아직 연습이 더 필요하겠지만 이것 또한 자기 발견과 성장의 과정이라 생각하고, 또한 마음이 이끄는 대로 살아가며 나뿐만 아니라 다른 이들의 생각과 태도를 존중하며 살아가자. 그러면서 나만의 보물같이 숨겨진 가치와 목표를 찾아가는 삶도 너무 흥분되지 않는가?

04 한 번뿐인 인생, 지금이 완벽한 타이밍이다

"당신이 할 수 있는 가장 큰 모험은 당신이 꿈꾸는 삶을 사는 것이다."

— 오프라 윈프리

나에게 최초로 생긴 꿈은 발레리나였다. 초등학교 2학년? 아니 3학년 쯤이었나? TV에서 〈백조의 호수〉 발레 공연이 나오고 있었는데 발가락부터 손가락 끝까지 바짝 세워 올려 인간의 움직임이 아니고 바로 솜털같은 움직임으로 날아다니는 듯 춤을 추는 주인공을 보았다. 얼굴은 또얼마나 예쁜지 바람이 불면 날아갈 것 같은 아름다운 자태를 하고 있었다. 그때부터 나는 발레리나가 되는 것이 꿈이었다. 오프라 윈프리의 말대로 나의 첫 모험은 여기서부터 시작되었다. 꿈을 꾼다는 것은 모험과도 같다는 말이 내 가슴속 깊이 들어와 보석처럼 숨어들었다.

당시 이불보와 커튼 만들기가 취미였던 엄마가 보관해 두었던 자투리 천을 옷장에서 끄집어냈다. 그리고 한 땀 한 땀 바느질을 해 하늘하늘한 치마를 만들고 팅커벨의 날개 같은 이미지로 어깨에 천을 걸치고 춤을 추었던 기억이 난다. 우리 아파트의 거실은 좁아서 가장 큰 방에서 지금 생각하면 발레는 아니고 현대무용같이 창작을 해서 내 마음대로 춤을 춘 것 같다. 춤을 추는 시간이 즐거웠고 한창 예쁜 의상을 걸치는 것도 좋아한 나이었다. 초등학교 3학년 때부터는 만화에 푹 빠져 만화방을 얼마나 들락날락했는지 모르겠다. 읽는 것도 좋아했지만 나는 만화를 베껴 그리기 시작했고 또 짧은 만화를 그려서 대화를 만들어 넣어 보기도 했다. 어느 날인가부터 우리 집 베란다에는 두꺼운 소년소녀 만화 월간지로 가득하게 되었다. 그때 엄마에게 미술 학원을 보내달라고 해서 참가상인지 우수상인지 하나 받아온 기억이 나는데 상을 받는 건 별로 관심이 없어서 그다지 기뻤던 기억은 없다. 왜냐면 내가 만족하지 못한 잘 못 그린 그림이었는데 상을 받았기 때문이다.

이렇게 나는 그때그때 좋아하는 것들을 해나가며 꿈을 갖고 모험을 하게 되었다. 뭔가에 하나 꽂히면 하루 종일 그것만 했고 공부는 제쳐두고 너무 몰입한 나머지 밤을 새는 일도 많이 있었다. 학교 공부를 그만큼 열심히 했더라면 어땠을까? 왜 난 여러 과목 공부를 두루두루 못 하는 걸까? 어른이 되어서도 2가지 일을 동시에 하기 힘든데 어떤 사람들은 육아를 하며 자기계발도 하고 돈도 버는 것을 보면 정말 존경하고 대단한 슈퍼우먼이라고 생각한다.

"인생은 이해하기 위해 살아야 하는 교훈의 연속이다."
– 헬렌 켈러

대학 1학년 때였다. 갑자기 평화로웠던 우리 가족에게 청천벽력 같은 일이 일어났다. 막냇동생이 태어난 지 두 돌도 채 되기 전에 음주 운전을 한 부부의 차에 치여 아빠가 돌아가시게 된 것이다. 낮에는 엄마 가게에서 일을 하고 저녁부터 시골에 달려가서 늦은 밤까지 논에 물을 붓다가 어두운 시골길 바닥에서 사고를 당하셨다. 어른들 말로는 한 번만 치였으면 그래도 살아 계셨을 텐데 일부러 살려 두지 않기 위해 두 번이나 더 들이 박았다고 한다. 얼마나 억울하고 충격이었는지 말로 표현을 못 하지만 아직까지도 병원 드라마나 사법 드라마를 볼 때면 피해자에게 감정이입이 너무 되어버려서 흥분이 되곤 한다. 왜 이런 일이 우리 가족에게 일어난 것인지 이해를 할 수 없었다. 그때 우리 엄마 나이가 마흔을 조금 넘긴 나이. 한순간에 미망인이 되고 말았다. 나도 하루아침에 아빠를 잃은 아이가 되었고 그동안 누려왔던 평범했던 일상에서 아빠가 없는 아이가 되어버렸다. 그런 일이 있고 나니 내 인생관에도 조금 변화가 있었다. 처음 몇 년간은 내색은 하지 않았지만 술만 들어가면 분노와 원망이 올라와 눈물이 주체할 수없이 펑펑 쏟아져 대학 선배들과 뒤풀이 후에는 얼마나 폐를 끼쳤는지 모른다. 행패를 부린 건 아니고 그냥 술만 들어가면 눈물이 나왔던 일상이었다.

지금 생각을 해보면 이런 시련쯤은 누구나 겪고 있는 일상다반사이고 매일 행복한 일만으로 가득한 사람은 없는걸 알지만, 그때는 세상에서 내가 가장 슬픈 존재였던 것처럼 군 것 같아 조금 부끄럽기도 하다. 이 일로 유학시절 몇 년간은 힘이 들었지만 점점 슬픔도 줄어들고 아빠를 돌아가시게 했던 그 사람들도 미워해봤자 소용이 없다는 것을 알게 되었다. 완벽히 용서를 할 수는 없지만 그렇다고 나의 한 번뿐인 인생을 미움과 분노로 가득 채울 수는 없었다.

그래서 정한 나만의 인생 가치관이 이것들이다.

1. 웃으며 살기
2. 베풀며 살기
3. 눈치 보지 않고 당당하기
4. 하고 싶은 건 가능한 다 해보기
5. 남을 미워한다고 시간 낭비 말기

내 아이들이 인생을 어떻게 살면 되냐고 묻는다면, "너는 지금 잠시 지구로 여행을 온 것이니 소풍을 온 기분으로 즐기다가 가렴!"이라고 말을 해주고 싶다. 이 말은 평소에도 가끔 아이들에게 하는 말이다. 이 우주가 얼마나 큰지 그리고 우리에게는 싸우는 시간보다는 행복해질 시간이 얼마나 더 소중한지 가르쳐 주고 싶다. 거실과 욕실에는 우주 행성 포스터를 붙여놓고 은하계가 얼마나 큰지 가끔 동영상도 보여주기도 한다. 그리고 "엄마는 이 넓은 우주에서 감사하게 인간으로 태어나게 해준 이상 내가 가진 한 번뿐인 인생을 좋아하고 보람되는 일에 쓸 거야. 그러니 너희들도 앞으로 정말 좋아하는 것을 찾아봐!"라고 아이들에게 말을 했다.

벌써 21년 전이 되어버렸지만 처음으로 일본어학연수를 왔을 때였다. 부산에서 '돌핀'이라는 배를 타면 2시간 반 만에 후쿠오카에 도착을 하는데 지금까지의 내 인생에서 가장 행복했던 한 달간이었던 어학연수가 시작되었다. 그때 그 시절에는 일본어가 인기학과여서 관광일어통역과에 학생도 많고 일본에 오고 가는 관광객도 많았을 시절이다. 내가 다니던 전문대의 일본인과 한국인 교수님도 동행하셔서 한 달간 지낸 곳이 후쿠오카의 작은 동네 '이지리'라는 곳이 있다. 처음 와보는 일본 동네는 모든 것이 신기하였고 모든 일본인이 나의 선생님이었다. 일본대학교과 연계해 어학연수 프로그램을 짜주신 교수님, 그리고 다시 한번 비싼 어학 연수비를 내주신 우리 엄마에게 감사하다고 전하고 싶다.

후쿠오카 연수중에 일본인 교수님께서 자리를 마련해주셔서 큐수대 교수님 댁에 방문했던 적이 있었다. 남편 분이 일본인이시고 부인께서 스페인이신데 두 분 다 60대가 넘으신 일본 문학 전공 박사님이셨다. 그 날 본 스페인 교수님의 첫인상은 딱! 핼러윈에 등장하는 마녀였다! 헤어 스타일은 꼬불꼬불 잔 파마를 한 보라색 단발머리에 양말은 무릎까지 오는 무지개 색이었다. 대학교 교수님이라면 좀 딱딱하고 점잔하신 이미지일 거라는 선입견을 가지고 있었던 나는 그분의 겉모습에 대단히 충격을 받은 날이었다. 그때 배운 것이 사람은 절대 겉모습으로 판단을 하면 안 된다는 것! 여하튼, 지도 교수님 말로는 스페인에서 일본으로 오셨을 당시가 무려 40세! 그때 대학교에 들어가셔서 박사과정을 마치고 교수님이 되셨다는 걸 듣게 되었다. 내 나이 19살에 40이라는 나이가 아주 멀게 느껴져 믿을 수 없다고 생각했지만 그 나이에 대학교를 들어가셔서 이렇게 교수님이 될 수 있다는 것도 가능하다는 걸 알게 된 나이였다. 그래서 그런지 나는 그때부터 나이는 숫자에 불과하다는 것을 이미 배울 수 있었다. 세상은 넓고 늦었다고 생각하는 나이는 존재하지 않는다. 내 가슴이 뜨거워지고 두근거리는 무엇인가가 다시 나타난다면 그것을 시작하기에 적당한 타이밍이라는 것. 내 나이 19살에서 20년이 지난 지금 39살, 나의 소중한 한 번뿐인 인생에서 다시 한번 꿈을 꾸고 성공을 향해 나아가기 위한 최적기의 나이. 이 책을 보고 있는 당신과 나는 언제든지 시작해도 늦지 않았다! 지금 뭔가 가슴속에 꿈틀거리는 것이 있거나 전율이 오는 장면을 목격했다면 지금이 완벽한 타이밍이라 생각한다.

아이들과의 한국행 결심을 하고 이제 또 다른 나의 꿈을 향해 앞으로 나아가는 작업. 무엇부터 할까 생각을 하다가 어렸을 때부터 쓰던 블로그의 닉네임부터 바꿔보았다. 고등학생 때부터 쓰던 '딸기우유'의 별명에서 '보라밍'이라는 이름으로 말이다. 보라색은 우리 딸이 가장 좋아하는 색이고 '미'는 내 이름은 아름다운 '미' 거기다 'ng'를 붙여서 귀엽게 발음을 한 것이다. 나에게 언제나 익숙했던 닉네임을 정리하고 새 이름으로 바꿨을 뿐인데 뭔가 한 발짝 내디딘 느낌이었다. 조금 답답했던 마음이 뺑 뚫린 느낌도 들었다. 닉네임 스펠링을 입력하고 버튼을 누르기까지는 5초가 안 걸리지만 결정을 하기 까지는 바꿀지 말지 고민의 시간은 길었기 때문이다.

'애써서 참을 필요가 없어. 엄마가 행복해야 우리 아이들도 행복한 거야.'
'갑갑한 달팽이집을 벗어버리고 한 번 나가보는 게 어때? 너도 아이들도 생각보다 유쾌한 시간들이 기다릴 거야.'

'앞으로도 네가 믿는 방향으로 하고 싶은 걸 하고 살아! 이건 너의 한 번뿐인 인생이니까!'라고 나의 내면에서 메시지를 보내준 것만 같았다.

05 이제 악몽을 꾸지 않는다

　지금의 첫째가 태어나기 전이었다. 나는 3번이나 배 속에 있는 나의 작은 생명을 잃은 적이 있다. 세 번의 유산과 동시에 세 번의 이직을 경험했던 그 시기야말로 아빠를 잃고 그다음으로 찾아온 악몽의 시간이었다. 첫 유산은 결혼식을 올리기도 전에 된 임신에서 자궁외 임신일 가능성이 크다며 긴급수술을 하게 되었다. 이제껏 살면서 처음으로 한 수술. 결혼을 하기도 전에 임신을 해서 그 누구도 나를 위로해 주는 이가 없었다. 나는 수술이 끝나고 마취에 깨어나 주룩주룩 흐르는 눈물을 감당할 수가 없었고 아무도 아무런 말도 안 했지만 머릿속에 이런 말들이 맴돌았다.

‘쯧쯧… 머리에 피도 안 마른 것들이.’

‘아이를 낳을 능력도 준비도 안 된 상태에서 임신을 하다니!’

‘유산을 해도 싸지 싸!’

난 혼자서 피해망상에 젖어 있었고, 가족 이외에 아무에게도 말할 수 없었던 사정이었는데 책임감 없었던 나의 행동때문에 부모님들께도 폐를 끼쳤다는 생각에 눈치 보는 버릇도 생겼다. 불과 1박 2일 만의 퇴원이었지만 몸보다 마음이 다친 나를 어찌 위로해야 할지 몰라 했던 남편도 생각이 난다.

이렇게 정신적으로 힘들었던 나는 세 번째 회사를 다니던 중 결혼식을 올리고 얼마 뒤 두 번째 유산을 하며 퇴사를 하게 되었다. 세 번째 유산도 똑같았다.

‘왜 나를 떠나간 거지? 내가 많이 잘못한 게 있어 아기를 나에게 안 주시는 건가?’

‘결혼을 하면 누구나 아이를 가질 수 있다는 오만한 생각을 한 것이 나의 죄인가?’

또 처음 경험해 보는 유산과 불임이라는 단어가 이렇게 많이 나에게 찾아온 것을 원망한 적이 있다. 하지만 이 시기는 나뿐만이 아니라 친정 가족들도 같이 힘이 들었던 시기였다. 내가 아파하니 우리 엄마는 더 아파했다는 걸 난 아이를 낳아 본 후에야 알 수 있었고 임신이 얼마나 감사하고 기적이라는 일이라는 걸 깨닫게 된다.

"사랑, 시간, 죽음 이 세 가지가 지구상의 모든 것들을 연결해줘요. 사랑을 갈구하고 시간을 아까워하고 죽음을 두려워하죠."
– 영화 〈나는 사랑과 시간과 죽음을 만났다〉

데이빗 프랭클 감독의 〈나는 사랑과 시간과 죽음을 만났다〉라는 영화에서 첫 장면으로 주인공 하워드가 한 말이다. 하워드(윌스미스)는 잘나가는 광고 회사의 최대주주지만 희귀병으로 6세 딸아이를 잃게 돼 모든 의욕을 잃게 된다. 일주일에 6~7시간밖에 못 잘 정도로 불면증에 시달리며 회사에서는 며칠 동안 만든 도미노를 공들여 쌓았다가 무너뜨리기만을 반복하는 일상이었다. 그렇게 같이 일하는 3명의 절친인 동료들은 창업자인 하워드가 대화조차도 하지 않고 입을 닫고 있으니 그를 정신병으로 몰아 위기의 회사를 매각하려는 수를 쓴다. 탐정을 고용해 마침 하워드가 우체통에 편지를 넣는 것을 보게 되고, '사랑', '시간', '죽음'에게 보낸 편지를 찾아내게 된다. 그것은 특정한 사람이 아닌 추상적인 개념에게 쓴 편지였다.

세 친구가 고용한 세 명의 무명배우들은 '사랑', '시간', '죽음'을 연기하며 마치 다른 인간들에게는 안 보이는 척 각자의 메시지를 남기는데. 그 뒤를 미행하던 탐정이 비디오로 촬영해 마치 길에서 혼자 떠드는 정신병자처럼 각색을 해 하워드를 정신병자로 만드는 것에 성공을 하고, 어쩔 수 없이 회사 매각 계약서에 사인을 하게 만든다.

나 또한 짧은 시간이었지만 사랑의 존재를 잃어버리고 거의 내색하지는 않았지만 슬픔으로 가득한 시간을 보내느라 이 영화를 보고 주인공이 겪은 아픔이 다시 나에게로 상기되었다. 영화를 보는 내내 가슴이 답답해져 내 손은 몇 번이나 꺼버릴까 마우스를 만지작거리기도 했다.

우리는 살면서 눈에 보이는 것들에 집착을 할 때가 많이 있다. 좋은 집을 사고 좋은 옷을 입고 멋진 곳에서 식사도 즐기고. 이것들은 전부 사진을 찍어 요즘 유행하는 인스타나 틱톡에 올리는 게 가능하다. 하지만 이 영화에서 나오는 것들은 눈에 보이지 않는 추상적인 개념인 사랑과 시간 그리고 죽음이다. 만약 나에게도 힘든 일을 겪은 뒤에 영화에서처럼 이것들이 눈에 보이는 것처럼 우리 앞에 찾아온다면 어떤 대화를 나눌까?

"아픔에 수반하는 아름다움도 있다는 걸 잊지 마세요."
– 영화 〈나는 사랑과 시간과 죽음을 만났다〉

이 말은 아픔을 경험하게 되겠지만 그 아픔도 겸허하게 받아들이고 감사하라는 말로 들린다. 사실 경험을 해본 이들은 시간이 지나서 안정된 지금 말할 수 있는 내용이다. 너무 힘이 들 때는 그 누구의 위로도 들리지 않는다. 그냥 모든 것을 포기하고 동굴로 들어가는 것이 가장 안전하기 때문이다. 지금의 상처가 아물 때까지 그저 혼자만의 시간이 필요할 때가 있는 법. 그때는 힘든 일을 겪을 때마다 나를 이해해 주지 않는 사람들로만 가득하다고 그저 도망만 다녔던 것 같다.

그런 시기를 겪어서 그런지 아니면 천성이 그런지 겪지 않아 본 일도 주변에서 겪은 이야기를 들으면 감정이입을 너무 한 탓에 마치 누군가 나의 심장을 쥐어짜듯 괴로움을 느끼는 편이다.

'괴로워하게 될 것을 알면서 왜 그런 영화를 보는가?'라고 내게 질문을 던져 보았다. 굳이 애써서 찾아보지는 않지만 나 같은 경우는 '인생살이의 예방접종'이라고 표현하고 싶다. 아직 상상해본 적도 겪어본 적도 없는 일이지만 누구에게나 갑자기 일어날 수도 있는 일을 대비할 수 있게 미리 스크린으로 맞아 놓는 주사 말이다.

경험도 해보고 미리 주사도 맞아 놓으면 누군가의 슬픔이 말을 하지 않아도 마음으로 전해져 온다. 그리고 그걸 억지로 들춰내려고 하지도 않는다. 어느 날 갑자기 악몽을 꾼다 해도 이젠 놀라지 않고 차분하게 대응을 할 내성이 생긴 것 같다.

요즘 정여울 작가님의 『1일 1페이지, 세상에서 가장 짧은 심리 수업

365』라는 책을 읽고 있다. 마치 힘든 일을 겪었을 때 찾아 읽어볼 수 있는 참고서적 같은 책. 나에게는 타이틀처럼 하루에 한 페이지만 읽어서 하루 종일 생각해야지만 소화를 해낼 수 있는 글이다.

"내 상처는 반드시 나와 닮은 타인의 상처와 연결될 수 있다는 것. 당신의 아픔을 내가 이해할 수 있으리라는 믿음. 내 글을 통해 이 세상에 나와 비슷한 사람, 나와 똑같은 상처를 앓고 극복하고 견뎌내고 있는 사람이 있다고 깨닫는 독자들이 존재한다는 것이야말로 내 글쓰기의 희망이다."
  – 『1일 1페이지, 세상에서 가장 짧은 심리 수업 365』, 정여울, 위즈덤하우스

여기에 쓰인 이 구절을 보고 나는 정여울 님 같은 글을 쓰고 싶어졌다. 아무에게도 보여주지 못하는 일기장만 쓰다가 처음으로 내 상처가 타인의 상처와 연결될 수 있다는 구절에 숨겨왔던 나의 상처를 표현하기로 마음을 먹었다. 힘든 일을 겪어 악몽에 시달리는 사람들을 보면 아직 어떻게 위로를 해줘야 될지 잘 몰랐는데, 이 방면에 있어서는 요즘 들어 연기를 하는 배우들과 글을 쓰는 작가라는 직업이 최고라는 생각이 들었다.

아직 글쓰기가 서투르지만 앞으로 심리학 공부를 더하며 마음의 동굴

속에서 살고 있는 사람들을 위해 치유의 글쓰기를 해보고 싶어졌다. 이렇게 고백을 하는 것만으로도 나 자신도 같이 치유되어간다는 사실을 지금 이렇게 글을 쓰면서 알게 되었기 때문이다.

많이 어렸던 시절, 벌써 시간이 이렇게 흘러 일본에 온 지도 19년째에 접어든다. 그 사이에 나는 할아버지 한 분, 할머니 세 분을 여의어서 이제 조부가 없는 나이가 되었다. 생로병사 중 가장 견디기 힘든 것은 역시 사랑하는 사람의 죽음이다. 죽음은 언제 어디서든 우리와 연결되어 있으며 사랑과 시간도 함께 존재한다. 앞으로 어떤 일이 우리에게 다가올지 모르지만 혹시라도 힘든 일이 닥쳤을 때 너무 자기 자신을 동굴 속으로 끌고 가지는 말았으면 한다. 여기 내가 지금 존재하고 있다는 것만으로도 선물을 받은 것이라 생각하라. 그리고 가능하면 그때만큼은 이기적으로 주변의 도움을 받는 것도 좋다고 생각한다. 혼자서 끙끙대지 말고 글로 표현을 해보거나 나와 같은 악몽을 꾼 사람들의 글도 읽어보고 위로를 받는 방법도 추천한다. 아니면 나의 블로그에 찾아와 비밀 댓글이라도 남겨준다면 잠시만이라도 악몽 속에서 같이 있어 줄 수도 있다. 그리고 나는 비슷한 상처라는 연결고리로 당신께 극복할 수 있는 믿음의 선물을 드릴 수 있는 것에 감사할 것이다.

06 어쩌다 보니 프로 이직러로 살아요

한국식품 인터넷 통신판매회사

시스템개발 웹프로그래머

일본어 교육대학원 합격후 바로 자퇴

패션업계 웹프로그래머

한국어 강사

노동조합 회계처리 사무원으로 파견직

셰어하우스 운영

생명보험회사 컨설턴트

앞에 적은 것들은 대학교를 졸업하고 내가 옮긴 회사들이다. '16년간 일한 회사의 종류가 이렇게 많다니!' 옛날에 적은 이력서를 보지 않으면 정확한 연도도 잊어버릴 지경이다. 이 직종 말고도 대학생 때부터 한 단기 아르바이트를 적는다면 종류가 더 많아진다.

'콘서트홀 정리, 이삿짐센터 물건 포장, 일한 번역, 호텔 연회장 서빙, 앙케트 설문조사, 기모노 입기 연습 모델, 실습생 헤어 커트 마네킹, 한국식 야키니쿠점 홀서빙, 야키토리점 홀서빙과 설거지, 공업용 부품 재고 정리, 한복 입혀주기, 관광통역사, 시청에서 호적정리, 한국 문화 리서치 통계 정리, 이벤트장 통역사, 정수기 회사 사무원, 일본취업알선회사 한국인 안내 등' 더 있는 것 같은데 이 정도로만 생각이 난다. 정말 쉴 새 없이 일을 했구나! 그 와중에 나는 식당에서 음식을 만들어보는 알바를 못 해본 게 아쉽다. 그러면 지금보다는 조금 더 요리에 자신이 있었을 텐데!

나는 왜 이렇게 이직을 많이 하며 살 수밖에 없었을까? 이직을 할 때마다 나에게는 어떤 변화와 고비가 있었다. 조금 부끄러운 이야기지만 첫 직장이었던 회사에서는 함께 일하는 한 분의 과장님께서 자꾸 결혼을 생각한다는 말에 너무 부담이 되어 다음 회사로 이직을 하게 되었다. 그때 나는 대학을 갓 졸업한 신입이었고 그분은 서른이 넘은 아저씨였기 때문에 넌지시 거절하기도 곤란한 상황이었다. (어릴 때는 서른만 넘은 사람을 보면 아줌마 아저씨라고 했었다.) 사장님께는 너무 죄송했지만 나는 불편해서 견디기가 힘이 들었고 싫다는 말도 못 한 채 1년 만에 퇴사를 하게 된다.

두 번째 회사에서 하는 일은 각종 시스템개발을 하는 회사다. 이 회사는 첫 번째 회사를 퇴사하기 마음을 먹고 퇴사 몇 달 전부터 정보처리기능사 자격증 준비를 하였다.(이 자격증이 있어야 IT직종에서 일을 할 수 있는 기술비자가 나오기 때문이다.) 그리고 휴가를 내서 한국에서 따온 자격증으로 퇴사하자마자 프로그래밍 스쿨 3개월을 졸업하고 바로 프로그래머로 취업을 할 수 있게 되었던 것이다.

난 일본어도 좋아하지만 고등학교 때부터 컴퓨터 서클에서 3년 동안 홈페이지 만들기 오타쿠 생활을 한 적이 있다. 그 덕분에 회사에 들어가서 정말 좋아하던 홈페이지를 만들고 편집할 수 있다는 게 너무 행복했다. 하루 종일 홈페이지만 생각할 수 있었기 때문이었다. 고등학교 때는 정적인 홈페이지밖에 못 만들었는데 이때는 동적인 홈페이지도 코딩을 해서 얼마든지 만들 수 있는 시기였기 때문에 기능을 추가하고 스킨을 만들 때마다 너무 보람된 일을 한 것 같았다. 게다가 IT직종은 고수입이었기 때문에 나에게 있어서 굳이 투잡을 안 해도 되는 아주 좋은 직장이었다. (일주일에 몇 시간 한국어 개인 강사로 투잡을 하는 정도였다.)

하지만 입사를 하고 1년 뒤, 나는 한국에 있는 일본어 교육 대학원 진학을 위해 준비를 했고, 알기 쉬운 교수법으로 나의 롤 모델이신 일본어 선생님이 계시는 대학원에 합격을 하게 되었다. 이렇게 나는 이제 2년 반의 대학원까지 졸업을 하면 일본어 선생님의 꿈이 현실이 될 수 있다는 생각에 매일 흥분이 된 상태였다.

"내가 지금 가진 것을 훨씬 더 많이 잃어버린다고 해도 할 건지를 물어보는 게 좋은 것 같아요, 스스로한테⋯."
- 〈tvN 유 퀴즈 온 더 블럭, 이직의 기술 편, 진기주〉

이 말은 해피엔딩이 감동적이었던 드라마 〈오 삼광빌라〉와 귀신 공조 코믹 수사극인 〈지금부터 쇼타임〉에서 순진하고 착한 마음씨를 연기한 배우 진기주가 한 말이다. 연기도 잘하고 예뻐서 좋아하는 배우인데 젊은 나이에 여러 직업을 가졌었다는 것을 우연히 〈유 퀴즈 온 더 블럭〉을 보고 알게 되었다. 진기주 배우는 컴퓨터 공학과를 졸업하고 대기업에 공채로 합격을 하지만 3년 만에 안정된 직장을 나와 기자에 도전을 한다. 원래의 꿈은 배우였지만 연기학원을 다니면서 현실적으로 불가능할 거라는 생각에 신문방송학과를 부전공으로 공부한 진기주는 3개월간 기자로 수습 기간을 마쳤다고 한다. 하지만 정말 하고 싶었던 일이었는지 고민을 하다가 결국 다시 퇴사, 그리고 슈퍼모델의 기회를 잡아 본격적으로 연예계에 들어오게 되었다고 한다. 나는 진기주 배우의 인터뷰를 보면서 묘하게 비슷한 에너지를 느끼게 되었다. 만약 안정된 대기업에 다니면서 돈도 안정적으로 벌어 괜찮은 남자를 만나 결혼을 했다면 어땠을까? 하지만 가슴이 뛰지 않는 일보다 자기가 하고 싶은 꿈을 향해 과감히 퇴사를 선택한 배우이다. 나보다 어리지만 아주 용기 있고 행동력 있는 배우. 난 그런 진기주에게 외유내강의 매력을 느꼈다. 그녀의 말대로 나역시 어쩌다 여러 직업을 바꾸며 카멜레온처럼 살아온 인생이지만 내가 지금 경험하는 것들이 앞으로 내가 꾸고 있는 꿈에 도움이 될 것이라 믿는다.

내가 고등학교 일본어 선생님을 꿈꿨던 그때, 단지 일본어만을 가르치는 선생님은 되고 싶지 않다고 말한 적이 있다. 일본 문화를 잘 알고 학생들의 고민을 잘 아는 그래서 진심으로 일본을 좋아하는 학생들에게 생생하게 내 경험을 공유하고 싶은 선생님이 되는 것이 꿈이었다. 혹시 일본어를 못 가르치더라도 언제든 일본과 한국을 연결하는 다리 역할을 하는 사람이 되는 꿈! 여러 가지 일도 해봐야 학생들에게 어떤 게 좋은지 어떤 게 맞는지 조언을 해줄 수 있으니 말이다. 다양한 이직 경험을 통해 배운 나의 노하우들이 내 몸에는 베어 있다.

첫 번째와 두 번째 직장을 짧게 다니긴 했지만 열심히 저녁 알바를 해서 모은 돈도 있어 대학원 진학을 결정하게 되었던 시절. 처음부터 일본에서 평생 살 거라는 생각을 하지 않았고, 지금까지의 경험으로도 한국에 있는 대학원 졸업 후 아이들에게 일본 이야기를 해줄 수 있을 것 같아서였다. 이렇게 몇 번 한국을 왔다 갔다 하며 대학원 시험과 면접에 합격을 하고 한국에 갈 날만 기다리며 짐을 다 정리해 한국으로 부치고 좁은 2인실 셰어하우스로 이동을 했을 때였다. 지금의 남편과 운명적으로 부딪히며 만난 것이다. 난 이미 그때만 해도 대학원에 입학금까지 지불했고 현재 남편과 데이트를 하고 있었지만 설마 한국에 갈 수 없을 것이라는 상상은 하지 못했다. 하지만 남편은 나를 붙잡았다. 그리고 나는 붙잡히고 말았다. 사랑을 선택한 대신에 내가 꿈꾸던 대학원 진학은 포기를 해야 했다.

남편을 선택한 나는 매일 사랑을 받아 행복했지만, '그럼 너의 꿈은 어떻게 되는 거야?'라고 마음속에서 자꾸 말을 거는 것 같았다.

〈니모를 찾아서〉 1편을 보면 가장 마지막 장면인 치과 수족관에서 탈출한 물고기들이 비닐봉지에 갇힌 채로 넓은 바다에 떨어져서 기쁜 환호성을 치다 한 마디의 대사로 영화는 끝이 난다.

"이제 어쩌지?"
– 〈니모를 찾아서〉

자꾸만 이 대사가 언제나 떠올랐다. '작은 수족관에서 해방이 되었지만 앞으로 그 큰 바다에서 어떻게 살아가지?'라고 말하는 것 같았다. 물론 살아가다 보면 익숙해지겠지만, 내 계획에 없었던 일, 예상치도 못한 일이 갑자기 생겨버려서 대학원을 준비했던 노력은 물거품이 되어버렸다. 그때는 유튜브나 화상 회의가 일반화되지 않았던 시절이라 난 교육기관에서 대면 수업만이 일본어를 가르칠 수 있다고 믿었기 때문이다. 일본에 살게 되면 한국인에게 일본어를 가르칠 수가 없다는 생각에 '이제 나는 어쩌지? 어떻게 되는 거지? 이번에는 또 뭘 해야 되는 거지?'라는 말만 머릿속에 맴돌았지만 어서 무엇이든 재빨리 방향을 틀어야겠다고 생각을 했다. 그러고는 어차피 여기서 일본어를 가르칠 수는 없으니 얼른 전직과 같은 업종인 프로그래머로 다시 한번 더 입사를 하게 된다.

입사 면접을 볼 때 세 번째 이직을 하고 싶은 이유를 질문 받았다. 일본인 연인을 만나 대학원을 포기해야 했던 자초지종을 말했고, 프로그래밍에 아주 열의가 있는 마음가짐 덕분에 같은 업종으로 바로 취업에 성공할 수 있었다. 그냥 솔직하게 말을 했다.

세 번째 직장을 구할 때 난 일본 기업이 아닌 조금이라도 일본어와 관련된 일을 하고 싶어서 타카다노바바에 있는 일본어 학교 영업관리직으로도 지원을 했었다. 프로그래머만큼은 아니었지만 연봉협상에서 조금 더 올려주셨고 한 달에 몇 번 서울 출장도 있다는 직장이었다. 얼른 입사를 해서 유학생 관리를 하고 싶었다. 기쁜 마음에 남편에게 연락해 이런저런 조건으로 합격 통지를 받았다고 말했는데 돌아온 말은 이랬다.

"한국 출장은 안 가도 되는 회사였으면 좋겠어. 다른 곳을 지원하면 안

될까?"

　난 너무 들떠 있었는데 그 사람은 마음에 안 들었나 보다. 그래서 차선으로 들어간 곳이 다시 IT회사였다. 난 이때까지 내가 하고 싶었던 일을 찾아 혼자 결정하고 실행해 왔었는데 이렇게 태클을 거는 최초의 사람이 나에게 생겨버리다니! 난 그것을 복에 겨운 행복이라 착각을 하고 그때부터 점점 나보다 그 사람을 위해 살아가는 방법을 선택했다. 그래서 행복했지만 내 마음속 한구석에는 작은 구멍이 뚫린 줄도 모른 채 말이다.

07 또 다른 꿈을 향해 한국땅을 밟는다

'18년 만에 내가 다시 한국에 가고 싶은 이유'

간단명료하게 속내를 말한다면, 고향이 그리웠다! 가족도 보고 싶고 친구들도 보고 싶어서다. 그래서 부제로 가고 싶은 이유를 몇 가지 만들어 보았다. 한국을 가야 한다는 어필을 하기 위해 남편과 시부모님께 보고를 할 출국 이유가 필요했기 때문이다. 그냥 무작정 한국에 있는 가족이 보고 싶어서 간다고 하면 아이들과 남아 있을 남편 생각은 안 한다며 질책과 반대가 돌아올 것이 분명했기 때문이다. 즉흥적인 듯 보이지만 사실 즉흥적이고 돌발적인 행동을 하지 않는 나는 얼마 전에 김미경 학장님이 만드신 〈MKYU대학〉에 입학을 해 '나다움'과 'MBTI' 그리고 '심리학'을 같이 공부하면서 나 자신을 더 잘 알게 되었다. 생각보다 계획적인 나는 옛날에 계획했던 버킷리스트들을 하나씩 클리어 하며 살고 있었던 것이다.

먼저 나는 큰 아이를 임신해서 출산을 위해 한 달 전에 한국에 왔던 날, 내가 다니던 초등학교를 둘러보고는 내 아이들은 꼭 여기에 다니게 할 것이라 생각한 적이 있었다. 원래는 큰아이가 1학년에 올라가는 해인 2014년에 친정으로 잠시 돌아와 한국초등학교에 입학을 시키려고 했지만 코로나 파장이 점점 심해지던 때라 어쩔 수 없이 포기를 해야 했었다. 그리고 나서 시간이 흘러 2년 뒤인 지금은 많이 좋아져 지금은 비행기를 자유롭게 탈 수 있게 얼마나 기쁜지! 한국에 가고 싶은 이유를 몇 가지 추려 먼저 남편에게 이야기를 했다.

첫째. 우리 아이들에게 엄마의 모교도 경험시켜주기 위해서

둘째. 현재 살고 있는 집에서 독립을 하기 위해서

셋째. 19년 전으로 돌아가 한국 음식을 마음껏 먹고 싶어서

넷째. 아이들에게 한국어를 배우게 하고 싶어서

다섯째. 엄마가 보고 싶어서…(자존감 충전용)

시부모님께 차마 두 번째 이유는 말하지 못했지만 어찌어찌 유쾌한 승

낙이 아닌 어쩔 수 없다는 무언의 동의를 얻어내었다. 처음 말했을 때 남편의 반응은 한 번도 예상치 못한 일이었다는 말이었고, 시부모님 두 분은 감탄사 '에엣!!!'이 첫마디였다. 그리곤 첫날에는 한국에 간다니 믿을 수 없다는 반응이셨고, 둘째 날에는 역정을 내시며 온갖 단점을 드시며 강경책을, 셋째 날에는 가지 못하도록 회유책을 생각하셨는지 사실 몇 달 전에 비밀로 여름방학 때 탈 호화 크루즈여행을 예약하셨다며 먼저 아이들에게 엄청 큰 수영장이 딸린 큰 배를 타고 일주일 여행을 가지 않겠느냐고 유혹을 하시기까지에 이르렀다. 하루하루 달라지는 어머님의 반응에 '우리가 한국에 가는 것이 저렇게 섭섭하시다고 표현을 하시는 구나!' 라는 정도로만 생각을 했고, 나는 크루즈여행은 죄송하지만 포기를 하고 비행기 표는 6월로 예약을 하겠다고 말씀드렸다. 그리고 한 달이 지나자 포기를 하신 듯 마음을 비우셨는지 별 반응은 없으셨다.

곧 친구들에게도 아이들이 다니던 학원선생님과 초등학교에도 알렸다. 가장 친한 친구는 듣자마자 바로 눈에서 눈물이 뚝뚝 떨어졌고, 그 외에 친구들도 섭섭하다는 말과 함께 해준 말은

"정말 멋지다! 그런 결정을 하기 쉽지 않은데 너라면 한국에 가서도 아이들도 다 잘 할 거야!"라는 응원의 메시지였다. 어떤 친구는 우리 집 옆에 살러 갈 테니 같은 초등학교에 보내주면 안 되겠냐는 농담을 하는 친구도 있었다.

아이 둘을 데리고 18년 만에 한국으로 가는 것이 두렵지 않냐고 물어보

는 사람이 있을지 모른다. 내 생각만 하면서 아이들이 아빠와 떨어져 산다는 게 얼마나 교육상 안 좋은 건지 아느냐고 말하는 이가 있을지도 모른다. 혹시 한국에서 아이들이 한국어를 못 한다고 왕따를 당하는 일은 없을지 장담하느냐고 묻는 이도 있을 것 같다. 나도 앞으로 내가 어떻게 살아 나갈지 아이들이 어떻게 될지 미래의 일은 알지 못하겠다. 그래도 상관하지 말라! 내가 결정한 나와 아이들의 인생이다.

"모두 각자의 길이 있는 것처럼

당신에게도 당신의 길이 있다

당신의 미래를 의미도 없이 방해하는 사람과는

미련 없이 헤어지는 것도 필요하다.

비록 그것이 어떤 관계일지라도 말이다."

－『마음에도 정리가 필요합니다』, 나가마츠 시게히사, 황혜숙 옮김, 시원북스

고백을 하자면 여기서 '각자의 길'을 걷고 싶은 상대는 우리 시부모님이시다. 첫째 출산 후부터 살 곳을 제공해 주시고 내가 독박 육아를 할 때 많이 도와주신 너무 고마우신 분들이다. 하지만 8년이라는 세월이 흘러 우리 서로 사람의 마음은 변하는 건지, 내 몸처럼 너무 익숙해져 버린 것인지 모르겠지만 언제부턴가 나는 시부모님이 없으면 아무것도 자주

적으로 결정할 수 없는 사람이 되어버렸고, 남편은 그것이 익숙한 듯 생각하고 결정하기를 멈춰버렸다. 처음에는 뭐가 뭔지 모르는 상황이었지만 나도 이제 내 목소리를 내고 싶다는 생각이 들었다. 8년 동안 한 번도 시부모님께 싫다는 말과 말대꾸를 해 본 적이 없다. 그러는 사이에 나는 어떤 존재인지 자존감이 낮아질 대로 낮아져 방전 상태에 이르렀다는 것을 알게 된 순간 떠올랐다.

'참! 나에게는 원래 자존감 충전기가 있었어! 그곳으로 얼른 가서 한동안 잊고 있었던 꿈을 다시 꿔 보는 거야!'

내가 한국에 가고 싶은 가장 큰 이유는 아이들이 핑계도 아닌 일본 가족들의 핑계도 아닌 나 자신의 '자존감 회복'을 위한 것이며 그 자존감 충전기가 있는 곳은 바로 '나의 나라 한국'이었다. 유학을 오기 전에는 100프로였던 배터리가 지금은 꺼지기 직전이라는 것을 알게 되었다. 그럼 다시 내가 정말 원하는 것이 무엇인지 내 꿈을 이루기 위해 나의 소중한 가족들인 충전기를 빌리기 위해 충전이 되면 또 다른 꿈을 향해 달려 나가기 위해 두려움을 떨치고 다시 한국을 밟을 것이다.

세상은 참 넓고 여러 가치관을 가진 사람들이 존재를 한다. 묵묵하게 한자리를 지키며 장인 정신을 고수하는 사람이 있는 반면 지치지 않고 또 다른 꿈에 열망을 하며 자기 자신을 변화시키려는 사람이 있는데 이 중에 어느 것이 좋은지 정답은 없다. 자기에게 맞는 방식을 선택해서 앞으로 나아가야 한다. 어떤 일을 하고 있든 해나갈 준비를 하든 반드시 어려움과 장애물이 나타날 것이다. 그럴 때마다 긍정 마인드를 가지고 끊임없이 새로운 것들을 배우며 넘어져도 오뚝이처럼 일어날 수 있는 사람. 이런 사람이야말로 내면이 단단하고 자신을 가장 소중하게 생각하는 사람이 아닐까?

혹시 모르지만 내가 살고 있는 익숙해진 현재를 버리고 익숙하지 않은 곳으로 도전을 하고 싶은 사람이 있다면 조금이나마 나의 사례가 용기가 되었으면 하는 바람이다.

"부러진 나뭇가지는 반드시 다른 곳을 가리킨다. 힘들다는 건 힘이 생기고 있다는 뜻이다."
- 『김미경의 마흔수업』, 김미경, AWAKE BOOKS

김미경 학장님의 책에서 '당신만의 인생 해석집'을 꼭 만들어보라는 말이 나왔다. 내가 맺고 끊을 인간관계는 어떤 것들이며 내가 생각하는 행복은 어떤 것이며 내가 정의하는 성공, 그리고 옳고 그름의 판단 등을 내 몸으로 겪어내면서 나만의 인생 해석집을 만들어 낼 때, 언제든 다시 꺼내 쓸 수 있다고 한다. 당신의 인생에서 부러진 나뭇가지를 만나 본 적이 있는가? 혹시 다른 곳을 가리키고 있었더라도 그쪽 길은 내가 갈 길이 아니라 포기한 적이 있는가? 부러진 나뭇가지를 애써 고쳐놓고 다시 가던 길을 가고 있는 사람도 있을 것이다. 우린 또 걷다가 언제 어디서 운명을 바꾸는 나뭇가지를 만날지도 모른다. 방향을 틀기에 포기해야 할 것들이 많아 두렵기도 하다.

이제 곧 1년만 더 있으면 나도 마흔이 된다. 김미경 학장님 말처럼 지금 내가 힘들어하는 것은 우리가 그만큼 성장하고 있으며 힘이 생기고 있다는 증거이며 내 앞에 높인 부러진 가지가 다른 곳으로 가보라고 희망을 주는 것이라 생각한다. 언제 어디서 또 다른 꿈이 생길지 모르지만, 나만의 인생 지침이 확실하게 있으면 불행이 닥쳐도 두렵지 않을 것이다. 그러니 당신 자신을 믿고 언제든 과감하게 도전을 해보라고 말하고 싶다. 나 또한 나만의 인생 해석집을 들고 한국을 밟으러 갈 것이니….

성공을
꿈꾸는
美친
여자들의
반란

3장

끈기 있고
질긴 여자

··

내 안의 힘,
40대 극내향 1인 창업 성공기

- 박소영 -

01 온실을 뛰쳐나온 화초는 아직도 살아 있다

　2000년대 초, 대학 도서관에 가면 너도나도 공무원, 공기업 취직 시험을 준비하는 분위기였다. 지방 국립대에 다니고 있던 나도 사실상 생물학이라는 전공을 살려서 취직하기란 불가능하다는 것을 깨닫고 일찍이 공무원 시험을 준비했다. 안정된 직장에 정년이 보장되니 부모님께도 효도하는 길이라고 생각했다. 나는 그렇게 4년이 넘는 오랜 수험기간 끝에 전공과는 전혀 다른 분야의 9급 공무원에 합격했다.

　누군가는 따뜻하고 안정된 온실 같은 직장이라고 할지 모르겠다. 하지만 밖에서 보는 것만큼 온실 안은 평화롭지 않았고, 나는 오히려 점점 더욱 약해져 가고 있었다. 나의 적성이나 미래를 충분히 고민하지 못하고 그저 부모님에게 자랑스러운 딸이 되려고 선택한 직업이었다. 그러한 이유로 나는 땅속 깊게 뿌리 내리지 못했고, 좁은 화분에 갇힌 듯 아주 오래도록 답답하게 지냈던 것 같다.

결혼하고 아이 둘을 낳아 키우기까지 오랜 기간을 잘 참아오고 있다고 생각했다. 직장생활 속에서 계속 늘어가는 업무량에 쉼 없이 나를 몰아붙이다가, 결국 나에게 우울증이 찾아왔다. 내 능력의 한계에 다다랐던 것 같다. 야근과 주말 출퇴근이 잦던 어느 날, 출근길에 이유 없이 흐르는 눈물 때문에 신호등이 보이지 않아 차를 멈췄다.

'나 지금 뭐 하고 있는 거지?'
'이렇게 열심히 사는데도 나는 왜 직장에서 인정받지 못할까?'
'다른 사람들보다 내가 뒤처지고 있는 걸까?'

나는 사회생활도 인간관계도 잘하지 못하는 나 자신이 너무 미웠다. 그러다가 아무것도 할 수 없을 것 같은 무기력감이 찾아왔다. 몇 달을 그냥 누워 지냈고 아무것도 하고 싶지 않았다. 내가 보잘것없다고 느껴졌다. 자존감이 바닥을 치고 있었다.

직장생활을 하며 크고 작은 많은 일이 있었지만, 그중에서도 보수적인 공직사회에서 쓴 경험을 했다. 빠르게 변화하는 시대에 맞춰 대부분 민

원서류와 문서를 스캔해서 전자화 해나가고 있었다. 종이 자원도 아끼고 업무 시스템을 간소화하려는 취지에서였다. 하지만 우리 부서에서는 개인당 한 달에 1백여 건이 넘는 검토보고서를 작성하여 일일이 출력해서 결재를 맡고 있었다.

전자로 결재가 가능한 일도 일일이 팀장님, 과장님께 종이로 뽑은 보고서로 결재를 받았다. 그뿐만 아니라 전자화시켰던 문서까지 재출력해서 첨부 문서로 함께 보고서를 작성해야 했다. 가뜩이나 업무가 많은 부서여서 일주일에 3일 이상을 야근했었는데 불필요한 업무로 주말에도 출근해야 했다. 바뀐 법령과 판례를 찾아 검토해야 하는 시간도 모자라는데, 수동으로 일일이 첨부 문서를 만들어야 해서 업무 처리하는 데 시간이 많이 지체되기도 했다. 나는 이런 비효율적인 업무를 개선해보고자 계속해서 팀장님께 의견을 냈지만 개선되지 않았다. 그때 나는 직장 내에서 내가 바꿀 수 있는 건 없으며, 그저 주어진 업무를 기계적으로 처리하는 것뿐이라는 사실에 좌절감을 느꼈다.

사람들은 직장생활에서 자신의 5년, 10년 선배를 보면 본인의 미래가 보인다고들 한다. 나 또한 나처럼 아이 키우며 힘겹게 일하는 선배들을 보며 많은 생각을 했다. 그들은 야근, 주말 근무 등으로 어려운 상황에서도 가정과 직장의 끈을 근근이 붙잡고 있었다. 드물게 승진을 위해 일을 우선순위로 두는 선배도 있었지만, 대부분 여직원은 가족과 아이들을 이유로 일이 후순위인 경우가 많았다. 그런 경우 승진에서 밀리기도 하고,

하고 있는 일에 의미를 부여하지 못하고 영혼 없이 출근하는 모습을 종종 보고는 했다. 결코 가정과 직장생활의 양립이란 쉽지 않다는 것을 느꼈다. 나도 아이 둘을 낳고 키우며 양가 부모님의 도움 없이 독하게 직장생활을 했지만, 10년 후 나의 모습을 그려보니 답답함이 밀려왔다.

그렇게 근무한 지 13년이 지나, 나는 퇴직을 결심했다. 여러 가지 일로 심신이 지쳐 있었고 이러다가는 내가 망가질 수 있겠다는 생각이 들었다. 업무와 관련된 악몽을 자주 꾸었고 출퇴근하는 길이 나에게는 너무 고통스러웠기 때문에 사직서를 쓰면서도 절대 망설이지 않았다.

퇴직 후 시간이 한참 지나 우연히 한 권의 책을 읽게 되었다. 손미나 작가의 『내가 가는 길이 꽃길이다』라는 책이다. 작가는 방송국 아나운서 일을 과감히 그만두고 여행을 좋아해서 여행 작가가 되었다. 손미나 작가의 책을 읽으며 나는 내가 왜 그토록 우울감과 무기력에 빠져 지냈는지 깨닫게 되었다.

승승장구하던 전 아나운서 작가는 매일 치열함에 살았다고 한다. 그리고 9시 뉴스를 맡은 후 어느 날부터 기계적이고 습관적으로 멘트를 정리하고 있는 자신을 발견했다. 그녀는 그때 마음속 허전함을 크게 느꼈다고 한다. 또한 직장 내 성차별을 겪게 되면서 깊은 자괴감에 빠졌었다고 했다. 열심히만 하면 어떤 허들도 넘을 수 있을 거라 믿었지만 현실은 달랐던 것이다.

그녀는 세상이 변하기만을 기다리지 않았다. 9시 뉴스를 떠나 1년간의 유학을 다녀왔다. 스스로를 부지런히 돌아본 덕분일까. 그녀는 자신 앞에 놓인 일은 무조건 최선을 다해 끝을 보고야 마는 자신의 성향과 의지를 믿고 퇴사를 결심하게 된다.

삶 속에 치열함이 고되었던 작가처럼, 내 인생에도 만만치 않은 치열함이 있었다. 하지만 그녀와는 다르게 지향점이 없었던 것은 아니었을까. 직업 안에서 가지는 승진, 인간관계만이 전부인 것처럼 매달리다 좌절했고 나 자신은 영혼까지 쇠했다. 당장 눈앞에 닥친 일들을 매일매일 처리하다 보니 어느새 시간이 흘러 마흔이 가까워져 오고 있었다. 아직도 내 인생의 목표도 없이 말이다.

13년이 넘는 시간 동안 자신에 대해 제대로 고민해 볼 시간도 없이 바쁘게만 살고 있었다. 아무리 작은 역할이라도 일의 의미를 찾고 가치를 부여하는 것이 매우 중요하다고 하는데, 나는 내가 하는 일의 가치를 알아내기 위한 여유조차도 없었던 것이다. 그렇게 시간이 갈수록 내가 하는 일에 대한 자부심도 없어져 갔고, 일상을 살아갈 원동력도 잃어갔으리라.

TV 방송을 보면 안정된 길을 가지 않고 꿈을 꾸고 본인이 좋아하는 일을 하며 사는 분들을 종종 보게 된다. 그중 카이스트 출신의 2인조 밴드의 인터뷰 프로그램을 본 적이 있다. 그들은 학창 시절부터 공부는 물론

이고 다방면에서 우등생이었다. 걸어온 길이 아닌 미래가 불안정한 길을 가기로 결심했을 때 주변의 우려도 있었지만, 그들은 편안한 길을 선택하지 않았다. 그들에게는 꿈이 있었고, 그 꿈을 향해 매 순간 최선으로 노력했기에 후회 없는 삶을 살아가고 있다고 했다.

금융회사에 합격했지만, 자신의 꿈을 위해 입사하지 않고 밴드를 계속하기로 결정했다는 이야기를 듣고 대단한 용기에 박수를 쳐주고 싶었다. 많은 이들이 자신의 적성에 맞지 않는 일을 하며 불평하면서도 원하는 일을 찾아 나설 용기를 내지 않는다. 그건 꿈이 없어서일까?

누구나 가보지 않은 길에 대한 두려움이 있다.

'다시 시작하기엔 너무 늦은 나이가 아닐까?'
'새로운 걸 배우고 도전하다가 실패하면 어쩌지?'

두려움 속에 시도와 도전을 두려워한다. 그냥 하던 대로, 내 분수대로 살자며 변화를 거부한다. 나 또한 그랬다.

"지금 이 나이에 다른 일을 한다고 해서 이만큼의 월급을 어디서 받을 수나 있을까?"

인생에는 정답이 없다는 것을 마흔 살이 되어서야 깨달았다.

누구를 위해 정해놓은지도 모를 길을 그대로 걸어가는 평범한 사람이었던 내가 어디서 그런 용기를 냈는지는 모르겠지만 이전과 다른 길을 가고 있다. 지금도 끊임없이 내 안에서는 무언가 계속 꿈틀대고 있다.

나는 새로운 도전과 꿈을 추구하기 위해 안정적인 직장을 떠나기로 결심했다. 많은 사람이 온실과 같은 환경에서 떠나는 것을 염려했다. 내가 선택한 도전은 어렵기는 하지만, 나 자신을 더 발전시키고 삶을 보다 더 의미 있는 것으로 만들어주고 있다. 나를 더욱 강하고, 더 나은 결과를 얻을 수 있도록.

결국, 온실을 벗어나 나의 꿈을 향해 끊임없이 성장하고 있는 나는 그들에게 자신 있게 말한다.

"온실을 뛰쳐나온 화초, 아직도 살아 있어요~."

02 좋아하는 것, 잘하는 것? 그딴 게 대체 뭐야

봄이 되어 새 학년이 되자 초등학교에 다니는 두 아들은 어김없이 기초조사서라는 것을 받아왔다. 학부모가 아이들의 기초적인 것들을 적어 새로운 담임 선생님께서 좀 더 수월하게 아이들을 파악할 수 있게 하는 것이다. 기초조사서에는 '좋아하는 것'과 '잘하는 것'을 적는 칸이 있었다. 내가 그 항목들을 적는 동안, 옆에서 두 아이들이 와서 서로 잘하는 것을 얘기하느라고 재잘거렸다.

"엄마, 나는 축구도 좋아하고 수영도 좋아해요."

"엄마, 나는 수학도 잘하고 영어도 잘하고 노래도 잘해요."

아무리 고슴도치 엄마라 하더라도 내가 보기엔 둘 다 운동신경도 평범하고 수학과 영어도 노래도 모두 평범한 실력이지만, 아이들의 당당함과 자신감에 깜짝 놀랄 수밖에 없었다.
'역시 우리 아이들은 나를 안 닮았어.'

나의 학창 시절을 돌아보면 나는 참 소극적이고 자신감이 없는 아이였다. 취미와 특기 란에는 적을 것이 없어 늘 '독서'라고 적었다. 정말로 나는 잘하는 것도 좋아하는 것도 없다고 생각했기 때문이다. 달리기도 늘 꼴찌였고, 그렇다고 공부를 뛰어나게 잘하는 것도 아니었다. 굳이 고른다면 글쓰기가 재밌기는 했지만, 남들보다 특별하게 잘하지는 못한다고 생각했던 것 같다. 남들보다 특별히 잘하는 게 없었고, 남들처럼 무언가에 미쳐 몰입하며 좋아하는 것도 없었다. 나는 늘 뛰어난 남들과 비교하며 내가 늘 부족하다고 생각했다. '특별하게' 잘해야 특기 란에 적을 수 있다고 여겼고, 딱히 '특별하게' 좋아하는 것도 없었기에 늘 나는 부족한 아이라고 생각했던 것이다.

최근 TV 프로그램을 보다가 집안을 신박하게 정리해준다는 프로그램을 보게 되었다. 잡동사니와 몇 년간 버리지 못했던 묵은 짐이 가득한 집을 전문가의 도움으로 완전히 변화되는 것을 보면 대리만족을 느끼며 좋았다. 사람이 사는 집인지, 짐을 넣기 위한 집인지 헷갈릴 정도로 집집마다 어쩜 그리 정리할 것이 많은지 모르겠다. 나도 정리와 관련한 책을 몇 권을 읽고 미니멀 라이프를 해보려고 시도해보았지만, 그것이 쉽지 않았다. 그런 경험은 누구에게나 있으리라 생각된다. 그래서인지 정리전문가가 가구의 동선을 바꾸고 집이 개운하게 정리되는 것을 보면 기분이 좋아지곤 했다. 그 프로그램에 출연하는 정리전문가는 전직 유치원 교사이셨다고 해서 깜짝 놀랐다. 평소에 워낙 정리정돈을 좋아해서 지인의 집들을 하나 둘 정리해주면서, 점차 사업을 하게 되셨다고 했다.

정리하는 것이 무슨 큰 취미나 특기가 아닐지 모른다. 그분의 남편도 누가 정리를 돈을 주고 하냐며 처음에는 사업으로 하는 것을 반대했다고 한다. 다시 생각해보니, 취미나 특기 란에 '정리정돈'이라고 쓴 거나 마찬가지인 거다. 나도 그런 고정관념이 있었던 것 같다. 하지만 정리를 어려워하고 귀찮아하는 사람에게는 비용을 지불하고서라도 사고 싶은 능력일 것이다. 자신이 무엇을 좋아하고 잘하는지를 잘 파악했던 그 정리전문가는 사업을 확장하여 잘 정착시키고 있었다.

스스로를 잘 아는 것이 어쩌면 제일 어려운 일이어서, 소크라테스는 그토록 '너 자신을 알라'고 가르치셨던 것이 아닐까. 자신의 장점을 잘 알았던 그 정리전문가의 경우를 보면서 느끼는 바가 있었다. 누군가에게는 귀찮거나 하찮다고 여겨질지 모르는 것일지라도 내가 좋아하고 잘하는 것이라면 그것을 잘 살려보자는 것이다. 이 세상에는 똑같은 사람은 아무도 없다. 각자가 다르다. 능력도 다르고 성향도 다르기 때문에, 다른 사람이 좋아하는 것을 내가 좋아하지 않을 수 있는 것은 당연하다. 그런데 언젠가 부터 우리는 '보통의', '평범한', '평균적인' 것에 맞춰 살고 있다. 남들과 비슷한 수준으로 살아야 하고, 너무 튀는 삶을 살지 말아야 한다고 자꾸만 튀어나오는 개성의 싹을 싹둑 가지치기하듯 자르며 살고 있는 것 같다.

내가 좋아하는 것, 잘하는 것을 적어본 적이 있는가? 그 딴 게 대체 뭐 냐고? 사실 별거 없다. 남들과 비교하지 말고, 그저 내가 좋아하는 것과 잘하는 것을 들여다보자. 빈 종이에 적어 가득 찰 때까지 적어보면 어떨 까? 처음엔 잘 모르겠다 싶을 거라 예상한다. 뜨끔하지만, 내가 그랬다. 도대체 내가 뭘 잘하는지 좋아하는지 알 수가 없었다.

요즘 "메타인지"에 대한 관심이 높아지고 있다. 나를 들여다볼 때, 한 걸음 더 물러나서 객관적으로 나를 바라보고, 내가 무엇을 잘하는지, 무 엇을 좋아하고 또 싫어하는지를 알아채는 것이다. 내가 남을 보며 남을 파악하듯이 나를 보는 것이다. 근데 나는 그게 참 어려웠다. 왜 나는 그 토록 나에게 질문해 보는 것이 어색하고 어려웠던 걸까?

학창 시절, 진로상담을 위해 적성검사를 받아본 적이 있을 것이다. 그 때는 그저 진지하게 생각하지 않고 형식적으로 생각했던 것 같다. 나는 퇴사하기 전, 다른 꿈을 찾는 중에 우연히 SQ 진로 검사를 받아본 적이 있다. 이 책을 기획하고 함께 공저하신 강사라 작가님과 함께한 선물과도 같은 시간이었다. 적성검사는 10대만이 필요하다고 생각했었다. 하지만 나에 대한 200여 개가 넘는 설문 문항들에 답을 할 때마다 나는 나를 제대로 모르고 있다는 생각이 들었다. 부끄러웠다. 평소에 나는 나에게 어떤 질문을 스스로 던지고 답해 본 시간이 없었구나. 하는 생각에 반성했다. 내가 하고 있는 생각들을 그대로 흘려버리며 살고 있지는 않은지 돌아보게 되었다.

가만히 나에게 물어본다. 난 무엇을 할 때 기분이 좋고 행복한지를. 함께 노트에 적어보자. 어려서부터 나는 무언가를 조립하거나 만들어내는 것을 좋아했다. 최근에는 책이나 유튜브로 셀프인테리어를 찾아보고 벽지, 장판을 교체하기도 하고, 페인트칠하는 것도 좋아한다. 고장 난 싱크대 수전을 교체하거나, 고장 난 가구를 고치는 것도 재밌다. 새로운 것에 호기심이 생겨 분해해보는 것도 좋아한다. 피아노로 좋아하는 곡을 쳐보는 것을 좋아하고, 그림 그리는 것도 재미있다. 또, 나는 글을 쓰는 것도 좋아한다. 블로그에 사진과 글로 리뷰를 남기는 것도 좋아하고, 누군가에게 칭찬 듣는 것을 좋아한다. 혼자 있는 것을 좋아하지만, 사람들과 어울리는 것도 좋아한다. 아이를 돌보는 그 순간도 참 행복하다. 그리고 식물을 키우는 것도 좋아한다. 물론 실패하는 경우도 있지만, 작은 식물이 점점 커지고 꽃을 피우면 참 행복해진다.

이제 나에게 또 물어본다. 나는 무엇을 잘하지? 남들과 비교는 하지 말

자. 그저 내가 잘한다고 느끼는 것이면 된다. 또는 남들이 나에게 잘한다고 여기는 것이 있다면, 내가 잘하는 것일 확률이 높다. 나는 디지털이나 새로운 기술에 크게 겁을 내지 않는다. 익숙하지 않더라도 자꾸 해보며 어느 정도 익숙해지기 때문에 시도한다. 그리고 나는 말로는 잘 표현하지 못할지라도 글에는 나름대로 내 생각을 잘 드러내는 것 같다. 그것도 내가 잘하는 것이라 생각이 든다.

요즘, 새롭게 탁구를 배우고 있다. 나는 어려서부터 운동신경이 없다고 느껴서 요가 외에는 운동과는 담을 쌓고 살았다. 달리기나 줄넘기조차 나는 잘하지 못한다. 그러던 내가 탁구를 배우기 시작한 계기는 단순하다. 그저 남편이 재미있게 하는 운동이기도 했고, 부부가 함께 취미로 즐기면 좋겠다는 생각에서였다. 처음 코치에게 기본적인 자세를 배울 때는 한껏 긴장한 채로 온몸에 힘을 주고 탁구공을 쳤다. 가뜩이나 운동신경이 없는데 망신만 당하면 어쩌나 하는 걱정도 앞서기도 했다. 그러다가 한 달이 지나자 점점 집중하게 되고, 몸에 힘을 빼고 공을 제대로 쳐다볼 수 있게 되었다. 점점 자세가 잡히고 익숙해지자 공을 끝까지 따라가서 쳐내고 어느 정도 상대방과 랠리가 되기 시작했다.

나는 늘 운동신경이 부족하다 여겨 자신이 없었다. 어느 날 탁구를 배우며 즐기던 나를 보고, 탁구장 사람들은 모두 내가 운동신경이 없는 게 아니라고 했다. 상대방의 빠른 공격에도 나는 집중하며 공을 받아내고 있었다. 무의식중에 내 안에 있던 순발력이 발휘된 것일까? 그저 나 스스로 그렇게 운동 못 하는 나로 한정 짓고 있었던 것이 아니었을까? 요즘은 나에게 스스로 운동신경이 있어 잘하는 사람이라고 여긴다. 그러면 내 안에 숨어 있던 신경세포들이 잠에서 깨어나는 기분이 든다. 그래서 더 자신감이 생기기 때문이다. 아무도 나를 믿지 않아도 내가 나를 더 믿어주어야 한다. 나 스스로 한정 짓지 않으면 나는 무조건 할 수 있다고 말이다.

주위를 둘러보면 아이를 키우며 꿈도 재능도 잊고 사는 엄마들이 있다. 자신이 좋아하는 것, 잘하는 것 따위를 잊은 채 무기력감으로 하루하루를 살아가는 사람들도 있고, 지금 새로운 것을 배우기에 이미 너무 늦었다고 생각하는 사람들도 있다. 나도 사실 주변에 재능을 타고난 사람들을 보면 참 많이 부러웠다. 자신의 느낌대로 그림을 잘 그리는 사람이 부럽고, 손재주가 좋아 수제 쿠키나 케이크를 만들어내는 사람들도 참 멋지다. 하지만 아무것도 하지 않고 부러워하기만 한다면 앞으로 내가 살아갈 남은 인생이 너무 아깝다는 생각이 들었다. 어린아이들에게는 다양한 경험을 하게 하면서, 왜 정작 나에게는 이미 늦었다고 한계를 짓고 있을까? 일단 시작하고 시도하고 도전하기를 권한다. 내 한계는 해보지 않고서는 모르는 거다. 남을 의식해서, 남과 비교하니까 나는 한없이 작아지기만 하는 거다. 이제 나만의 기준을 가지고 나의 세상을 살자. 그저 내가 좋아하면 좋아하는 것이고, 잘하면 잘하는 것이다.

03 1인 사업가, 극내향 40대 '경단녀'입니다만

아주 심하게 내향적인 사람도 사업을 할 수 있을까?

내 성격은 극에 달한 내향형이다. 나는 언제부터인지 기억하지 못할 정도로 어릴 때부터 말을 심하게 더듬었다. 말더듬이 너무 심해 일상적인 대화도 힘든 정도로 말이다. 특정 모음이나 자음을 말하려고 하면 잘 되지 않아, 온 근육이 경직되기 일쑤였다. 집으로 전화라도 걸려오면 언제나 나는 심장이 두근두근했다. "여보세요"의 "여"라는 소리가 입 밖으로 나오지 않아, 목과 어깨의 근육이 심하게 떨렸다. 결국 늘 동생에게 수화기를 넘겨버렸다.

아주 작은 시골 마을에서 농사일만 하시던 부모님은 나를 언어치료센터에 데리고 가실 생각조차 못 하실 정도로 바쁘셨다. 또 지금에야 언어치료센터나 상담할 곳이 많지만, 1980년대에는 흔치 않았을 것이다. 특히나 지방의 작은 시골 마을에는 찾기도 힘들지 않았을까. 지금이었다면 당연히 치료를 했을 테지만, 그러지 못한 나는 언젠가부터 말을 할 일이 있으면 회피를 선택했다. 꼭 필요하지 않으면 말을 하지 않았다. 대신 조용히 책을 읽는 것을 좋아했고, 글쓰기를 좋아해서 학창 시절 백일장에서 상도 받았었다. 하지만 늘 자신감이 없었다. 지금 돌아보니 어린 나이에 스스로도 얼마가 답답했을까.

나는 어린 시절 중 떠올리기 싫은 기억이 있다. 그것은 중학교 때 국어시간이었다. 요즘 교실에서도 책을 낭독시키는지 궁금하다. 예를 들어 오늘이 13일이라면, 날짜의 끝자리에 해당하는 3번, 13번, 23번, 33번의 학생을 일으켜 세워 교과서를 읽게 하셨다.

그날은 내 순번이 되어 나는 자리에서 일어나 교과서를 읽어야 했다. 나는 숨이 넘어갈 듯 긴장한 채로 온몸에 힘을 주어 읽으려 했지만, 어버버대며 한 글자도 제대로 읽지 못했다. 창피하기도 했고 답답한 마음에 눈물이 흘렀다. 그냥 그대로 사라지면 좋겠다고 생각했다. 중학생이 되도록 한글도 모르는 아이라고 생각하신 국어 선생님은 친구들 앞에서 나를 향해 날 선 비난을 하셨다.

"너는 중학생이 되도록 글도 못 읽고, 도대체 너희 부모님은 뭘 하신 거냐?"

나는 눈물이 차올랐지만 그런 말씀에도 어찌할 수 없는 바보 같은 내가 너무 미웠다.

'왜 나는 말더듬증을 고치지 못하는 거지?'
'사람들이 나를 바보로 보는 것이 당연할지도 몰라.'
그렇게 나는 나를 미워하며, 또 나 스스로조차 무시하며 자랐다. 점점 교실에서는 있는 듯 없는 듯 존재감이 없는 아이가 되어 갔다.

대학생이 되어 환경이 바뀌었고, 나는 조금씩 자신감을 찾으며 어느 정도 말더듬증을 고칠 수 있었다. 완벽하진 않았지만 나름대로 나 스스로 조금씩 수정을 하며 살아냈던 것 같다. 하지만 늘 소심하고 내향적인 성격이었다. 내 감정을 밖으로 표출하지 못하고 늘 안으로 삭히는 게 편했으니 말이다. 또한, 나는 '다른 사람들이 나를 어떻게 생각할까?' 하고 눈치를 보고 겁을 냈다. 그래서 내 의견을 제대로 말하지 못하는 때가 많았다. 눈치를 많이 보고 상대방의 기분에 영향을 많이 받는 편이었다. 직장생활에서도 나는 늘 다른 사람의 눈치를 보고 살았던 것 같다. 나는 상사의 결재를 받는 일이 참 힘들었다. 보고서를 잘 써 놓고도 직접 보고를 드리는 것은 늘 곤혹의 연속이었다.

　이토록 내향적인 내가 사업을 한다고 하면 의문이 들 것이다. 내향적인 성격임에도 나만의 사업을 할 수 있을까? 사업가의 이미지를 떠올려 보면 사회생활을 잘하고 당당한 외향적인 성격의 사람이 먼저 떠오를지도 모른다. 하지만 모든 사업가가 외향적이라고 생각하지는 않는다. 나는 내향적인 성격에도 충분히 나만의 사업을 할 수 있다고 생각한다. 이미 나는 지금 나만의 사업을 하고 있으니 당당히 대답할 수 있다.

　내향적인 것과 외향적인 것은 무엇이 옳고 그르다는 개념이 아니다. 나의 성격을 잘 알고 나면 오히려 그것이 강점이 될 수 있다. 『나는 혼자일 때 더 잘한다』라는 책에서, 저자 모라 에런스는 "내향인의 성공 비결은 그 감정들을 지식을 얻을 기회로 활용하는 데 있다."라고 했다. 내향인이 성공하려면 반드시 불안과 걱정이 나 자신의 일부임을 깨달아야 한다. 그리고 불안과 싸우는 대신 그로 인해 뛰어난 공감 능력, 대인관계 기술, 추진력을 이용해야 한다고도 했다. 내향인 대부분 주변 환경에 세심한 관찰과 공감 능력을 갖추고 있다. 미리 대비하고 일을 진행한다면 누구보다 추진력 있게 앞으로 나아갈 수 있는 것이다.

　실제로 내향적인 사업가들은 많다. 많이 알려진 바와 같이 애플의 창업주 스티브 잡스, 삼성의 창업주 이병철 회장님, 『돈의 속성』으로 유명한 김승호 회장님은 모두 내향형의 성격이라고 한다. 김승호 회장님이 EBS에 나와 강의를 하신 것을 본 적이 있다. 나와 같이 아주 내향적 성격을 가지고 계셨으나, 내향적 성격이 사업을 하는 데 있어서 오히려 더 창의적이고, 훌륭한 지도자의 자질이 있다고 믿는다고 하셨다. 오히려 그것이 장점으로 발휘해 사업에 도움을 주는 부분이 있다고 하셨다. 모두 그런 것은 아니지만, 외향적인 사람들이 밖에서 사람들을 만나서 사교적인 것에 시간을 보낼 때, 내향적인 사람은 혼자만의 시간에 집중할 수 있다. 사업에 있어서도 많은 시간을 고민하고 대비할 수 있는 것이다. 그리고 오히려 나 스스로에 집중하여 자기계발에 시간을 쓸 수도 있는 것이다.

하지만 나는 그동안 나에게 직면한 어려운 과제가 있을 때마다 회피하거나 미루는 편이 많았다. 완벽하게 하지 못할 거면 시작하지 않겠다는 마음이었을지도 모르겠다. 또 나는 깜빡하고 잊어버리기도 잘했다. 그저 그 상황들을 외면하려고 했던 것이다. 내향적 성격으로 인해 나에게 집중할 수 있었던 시간이 많았지만, 오히려 나 자신을 스스로 깎아내리거나 쉽게 포기해버리곤 했다. 내향적인 사람들이 성공하지 못하고 있다면 아마도 나 스스로를 사랑하지 못해서일지도 모른다는 생각이 든다. 사회적으로도 외향적인 사람이 더 높이 평가되는 경향이 있기 때문이다. 그래서 내향적인 사람은 스스로를 더 과소평가하게 되기도 한다.

그렇다면 내향적인 사람은 자기 안에 있는 힘을 어떻게 알아차리고 끄집어내야 할까? 나는 그것을 『역행자』라는 책에서 힌트를 얻었다. 이 책의 저자인 자청님 또한 내향적인 사람이었다고 한다. 이 책에서 저자가 가장 강조하는 것은 22전략이다. 2년간 매일 2시간씩 책을 읽고 글을 쓰는 것을 말한다. 과연 이런 방법으로 내 안에 있는 힘을 끄집어낼 수 있을까 궁금해졌다. 성공한 사람들의 대부분이 강조하는 것이 독서이기는 한데, 한 단계 더 나아가 책을 읽고 글쓰기를 하라는 것이니 말이다. 나는 '책 읽기와 글쓰기가 성공으로 가는 최고의 지름길'이라고 말하는 이 책의 내용을 믿어보기로 했다.

내가 가진 생각은 그저 흘러가 버리면 아무것도 아닌 것이 되지 않는가. 하지만 그 생각들을 붙잡아 글로 쓰게 된다면 비로소 내 생각이 된다. 이전에는 경험하지 못했다. 내 안에는 알 수 없는 힘이 있다는 것을 글을 쓰면서 스스로 깨닫게 되었다. 나는 책 읽고 글쓰기를 시작했다. 물론 처음에는 블로그나 SNS에 글을 쓰는 것도 내향적인 나는 남의 눈치를 보았다. 하지만 그것을 어느 순간 무시해버리자 글 쓰는 것이 한결 편하게 느껴졌다. 편하게 내면의 나와 마주해보자. 나의 자존감 또한 커갈 것이다.

임신과 출산, 육아하면서 나는 자존감을 많이 찾았다고 확신한다. 한 아이에게 엄마라는 존재는 우주와도 같은데, 내가 그런 중요한 존재라는 것이 행복했다. 스스로 더 좋은 엄마가 되기 위해 아이를 키우면서 육아서를 비롯한 자기계발서를 참 많이도 읽었다. 그러면서 나 스스로 자신감도 생기고 아이가 커감에 따른 보람도 느꼈었다. 하지만, 좋은 엄마가 되는 것 같은 느낌과는 반대로 직장 일에서는 자신감을 잃어가고 있었다. 나의 적성에 맞지 않는 일이어서 그랬던 건지 업무와 관련한 공부를 소홀히 하고 있었다. 그래서 점점 나는 내 능력의 한계에 다다랐던 것 같다. 그렇게 시간이 흘러 나는 스스로 경력 단절을 선택하고야 말았다.

40대가 된 나는 지금까지 해오던 일과는 전혀 다른 쇼핑몰 사업을 시작하게 되었다. 시작한 계기는 단순했다. 내가 살림을 하며 필요했던 제품들을 주로 판매하는 것이라 생각보다 어려워 보이지 않았다. 위탁판매를 주로 하였기에 별도의 사무실 없이 집에서 할 수 있으니 시작하기 부담 없는 일이기도 하다. 직원도 필요가 없다. 물론, 사업의 규모가 커짐에 따라 직원이 필요할 때도 오겠지만 작게 시작할 수 있는 점이 참 좋다. 물론 직원이 생길 때에 대한 대비로 나만의 매뉴얼을 만들어 가고 있다.

또 다른 점으로 내 사업을 한다는 것에 큰 매력을 느꼈다. 내가 노력하는 것에 따라 순익이 달라지는 것은 당연하다. 과다한 야근과 주말 업무를 하며 몸과 마음이 지치면서도 수당을 제대로 받지 못하던 것과는 달랐다. 내 의지로 할 수 있다는 점이 매력적이었다. 처음 하는 일이지만 배워 나가는 과정이 재밌었고, 6개월 만에 네이버 스마트스토어 파워셀러가 되어 꾸준히 수익이 들어오는 것에 뿌듯했다. 물론 과정마다 넘어야 하는 고비도 있었지만, 나 자신에게 스스로 할 수 있다는 믿음이 생기는 것을 느낄 수 있다.

그리고 사람들을 직접 대면하지 않는다는 것이 심적으로 편하게 다가왔다. 고객문의나 상담은 전용 채팅창이나 메시지로 하기 때문에 크게 부담되지 않았다. 성격이란 것이 쉽게 고쳐지지는 않는 것이니, 고객 문의에 답할 때는 내향적인 나의 공감 능력을 발휘하여 메시지에 나타나게끔 진심으로 소통하려 하고 있다.

나는 오랜 시간 내향적인 성격의 내가 마음에 들지 않았다. 나 스스로가 미웠었다. 하지만 가만히 들여다본 나는 그저 남들과 조금 달랐던 것일 뿐, 틀린 것이 아니었다. 소심하고 자신감 없었던 나도 이렇게 당당하게 사업을 하고 있다. 나는 내 안에 있는 힘을 믿는다. 충분히 내 장점을 살려 도전할 수 있다고 생각한다. 그 전에 먼저 해야 할 것은 나를 사랑하고 믿어주는 것이다. 나의 아픈 과거를 돌아보고 그 시절의 나를 보듬어 주자. 내향적인 성격이 결코 나쁜 것이 아니라는 사실을 나에게 계속 알려준다. 내향적이기에 더 잘할 수 있는 것이 있다는 것을 나는 이제 안다. 그리고 나는 내가 지나온 시간을 돌이켜보고, 지금의 나에게 감사한다. 앞으로 다가올 미래의 나를 행복하게 바라봐주자. 내 안에는 그럴 만한 힘이 있다. 그래서 너무나 감사하다.

04 도전할 수 있는 용기는 때로 무모함에서 나온다

무언가를 해보고 싶은데 시작하기가 힘든 사람이 많다. 시작했다가 돈만 쓰고 실패할까 봐, 시간만 낭비할까 봐, 제대로 해내지 못할까 봐, 얼마나 힘들지 알기에 시작조차 하지 못한다. 더군다나 주변에 조언을 구하려고 하면, 그게 얼마나 힘든지 또는 도전했다가 실패한 사람들의 이야기만 한다.

처음에는 주변에 온라인 쇼핑몰을 시작했다는 이야기를 하면, 걱정해주는 사람들이 있었다. 이런 저런 실패한 사람들의 이야기를 해주었다. 물론 나를 걱정해서 하는 얘기라는 걸 잘 안다. 하지만 그런 이야기는 나에게 아무런 도움이 되지 않는다고 느꼈다. 나는 응원과 격려, 조언을 바란 것뿐이었는데 부정적인 반응에 처음엔 서운하기도 했던 것이 사실이다. 하지만 나도 스스로 불확실한 미래에 대한 걱정 때문에 그저 남들에게 응원만 바랐던 것은 아닌가 하고 반성하게 되는 계기가 됐다. 그날 이후 나는 더욱더 나에게 집중하게 되었다.

조언을 구하고 싶을 땐, 그 일에서 성공했거나 성공의 길을 가고 있는 사람에게 물어야 한다고 한다. 이 간단한 사실만 안다면 주변에서 해주는 조언에 휘둘리지 않을 수 있다. 나는 이후로는 마케팅 강의에서 강사님이나, 스터디를 하며 만난 분들께 조언을 구하기로 했다.

그런데 대부분의 사람이 학교에 다니며 공부하던 기억 때문일까? 제대로 다 알고 시작하면 수월할 것 같아 강의만 여러 개 수강해서 듣다가 오히려 제대로 시작하지도 못하고 이내 그만두시는 분을 종종 보았다. 나도 스마트스토어에서 파워 셀러가 된 이후에 3개월 정도 작게 스터디를 운영해본 적이 있다. 매일 미션을 주고 실천, 인증하는 것이었는데, 잘하실 거라 예상했던 분들이 한두 달도 안 되어 포기하시는 것을 보고 너무 안타까웠다.

"유튜브를 보니 이렇게 하면 안 된다더라.", "어디서 보니 이렇게 해야 한다더라." 하며 자신이 하는 것에 대해 확신이 없으셨던지 불안해하셨다. 옛 속담에 사공이 많으면 배가 산으로 간다는 말이 무슨 말인지 피부에 와닿게 느꼈다. 우물쭈물하다가 아무것도 하지 못한 채 시간만 갈 뿐이다. 일단 시작했으면 꾸준히 3개월 이상 해보아야 하는데 일주일만 지나도 당장 성과가 나지 않으니 다시 예전으로 돌아가는 것 같았다. 그럴 땐 그냥 무모하게 딱 100일만 해보자 하는 뚝심이 필요하다.

'양질 전환의 법칙'을 들어 보았을 것이다. 일정 규모 이상의 양이 축적되면 물리적, 화학적으로 변화가 생겨나는 현상을 말한다. 예를 들어, 물을 계속해서 가열하게 되면 100도가 될 때까지는 그저 액체일 뿐이지만, 임계점인 100도가 넘으면 액체는 기체인 수증기로 변화한다. 액체 상태 동안 에너지를 계속 축적하다가 결국 물리적으로 기체로 전환하게 되는 것이다. 마찬가지로 우리가 일정 기간 동안 목표를 향한 행동을 계속적, 반복적으로 할 때는 우리는 큰 변화를 느끼지 못한다. 임계점이라고 하는 그 단계까지는 그저 계속해서 해야 한다. 그러다가 어느 임계점에 도달하면 무언가 내가 아는 지식이 생기고, 경험이 생기면서 내가 변화한다는 것을 느끼게 된다.

나도 그런 양질 전환을 경험한 적이 있다. 쇼핑몰에서 구매만 해보던 내가 막상 쇼핑몰을 열어 상품을 판매하게 되었다. 시작할 땐 아무런 배경지식이나 경험이 없었다. 판매와 관련한 아르바이트 경험마저 없었기에 막막했던 것이다. 하지만 그저 상품을 많이 서치하고 많이 등록했다. 밤이고 낮이고 상품과 관련한 생각만 했고, 새벽부터 밤늦게까지 부지런히 상품을 찾아 분석하고 등록했다. 그러자 판매되는 상품들이 생기게 되었고, 고객들의 불만이나 칭찬 등을 경험하게 되었다. 조금씩 나만의 노하우가 생기고 그것이 나의 지식이 되었다. 처음엔 무모하게 시작했지만, 한 단계씩 성장하고 있다는 느낌이 들었던 것이다.

자기계발 부문의 베스트셀러인 『시작의 기술』이라는 책에서 저자 개리 비숍은 "성공은 늘 불확실성 속에서 당신을 기다리고 있다."라고 했다. 당연하게도 우리는 우리의 미래를 알지 못한다. 불확실하기에 도전해 볼 수 있지 않을까? 3개월 뒤에 내가 정한 목표를 이루지 못할 수도 있다. 하지만 그렇다고 시도하고 노력한 3개월이 헛된 시간이라고 할 수 없다. 내가 정한 목표를 6개월이 되어서야 이룰 수도 있고, 1년이 흘러서 이룰 수도 있다. 3개월이 되어서 이루지 못했다고 영영 내가 실패자라고 생각하고 도전을 멈추지는 말아야 한다. 무엇이 잘못되었는지 멈춰서 돌아보고 계획을 수정하면 된다. 성공일지 실패일지 결과를 미리 짐작해서 결정해버리지는 말자.

사실, 시작할 수 있는 용기와 마찬가지로 꾸준히 할 수 있는 용기도 무모함에서 나올 때가 많다. 어떤 일이든 시작하기는 쉽지만 당장 눈앞에서 성과가 나지 않더라도 일단 꾸준히 해보는 것은 더 어렵기 마련이다.

최근 기사에서 대부분의 스타트업 기업들이 창업 초기의 자금 부족, 매출 부진 등으로 성장 정체기를 겪고 고난에 빠진다는 사실을 본 적이 있다. 이 기간을 데스밸리, 말 그대로 '죽음의 계곡'이라고 한다. 거의 모든 스타트업 기업들이 이 단계를 겪는다. 국내 창업 기업의 5년 차 생존율은 29.2%(2020년 기준 대한상공회의소)다. 바꿔 말해, 국내에서 창업한 기업이 5년 이내에 70%가 망하고 만다는 것이다. 창업 3~5년 차에 이 데스밸리 극복하지 못하고 좌절하는 기업들이 많기 때문이다. 좋은 아이디어가 있더라도 투자를 받지 못하거나 자금이 없어 성공의 빛을 보지 못하기도 한다. 성공한 기업들이 이런 데스밸리를 거쳐 갈 때 얼마나 큰 위기와 고난이 있었을까?

한 TV 프로그램에서 스타트업 청년 대표의 이야기를 보았다. 우리 아이들도 좋아하는 게임 회사의 대표였는데, 창업 후 약 10년간 암흑기를 겪었다고 했다. 놀랍지 않은가? 3년도 5년도 아닌 무려 10년이라니 말이다. 그러는 동안 아무도 잘되리라 생각하지 않았던 프로젝트가 마침내 대박이 난 것이다. 그 대표의 말이 기억에 남는다.

"우리 회사는 '버티기의 아이콘'이다. 스타트업에서 실패는 끝이 아니라 과정이다. 포기하지 말고 도전하면 언젠간 기회가 있을 것이다."

게임을 좋아하는 사람들이라면 이름만 들어도 다 아는 기업이라서 이런 시련의 시간이 있었을까 싶었다. 하지만 어김없이 찾아오는 끝 모를 시련을 겪고 이겨냄으로 인해 더 단단해져서 성공할 수 있는 것이 아니었을까? 실패하더라도 끝이 아니라 과정으로 받아들이고 한 단계씩 수정하며 나아갔을 것이다. 그 시간 동안 얼마나 많이 무모한 용기를 내어야 했을까 생각하니 정말 대단하다는 생각이 들었다. 나도 역시 성장 정체기를 지날 것이다. 현재의 단계에서 한 단계 더 성장하기 위해서는 또 노력이 필요하다. 슬기롭게 이 정체기를 지날 수 있는 힘이 내 안에 있으리라 믿는다.

나는 일을 잘 벌이는 편이다. 하고 싶은 것이 참 많다. 그런데 중도에 포기도 잘하는 편이라 어느 순간부터는 무엇을 시작하기가 겁이 났다. 잔뜩 일만 저질러 놓고 수습이 안 되는 상황이 두려웠다. 어느 날, 나를 객관적으로 돌아보니 나의 단점은 꾸준히 끝까지 해내지 못하는 것이라는 생각이 들었다. 앞에서도 얘기했듯이 시작하는 것과 마찬가지로 꾸준히 하는 것도 무모한 용기가 필요하다. 그래서 나에게 스스로 다짐한다. 나에게는 꾸준히 끝까지 해내는 힘이 있다고 자꾸 되뇌며 자기암시를 한다. 그리고 나는 꾸준히 끝까지 해내는 힘을 달라고 매일 기도한다. 오늘도 나는 용기 있게 꾸준히 잘해낸 하루였는지를 스스로에게 묻고 대답해 본다.

05 괜찮아, 괜찮아. 그래도 괜찮아

직장 생활을 하던 어느 날, 느닷없이 우울함과 무기력감이 내게 찾아왔다. 반복되는 직장에서의 생활에 내가 그저 소모품이 아닌가 하는 회의감이 들었다고 할 수도 있겠고, 무거운 일상에서 회피하고 싶어서라고 할 수도 있겠다.

사실, 이유를 정확히는 모르겠다. 그동안 나는 삶의 의미를 찾아본 적이 없었다. 내가 하는 일에 의미를 부여해본 적이 없어서이기도 했을 것이다. 누구나 살면서 한 번씩은 하게 되는 '나는 누구인가'의 고민을 나는 마흔이 가까워졌을 때 했다고 볼 수 있다.

그렇게 계속되던 우울감에서 벗어나고자 노력했던 것 중 하나는 인스타그램을 시작한 것이었다. 우연히 시작하게 된 SNS 속의 생활이 꽤 재미있었다. 인스타그램에 올리는 사진을 좀 더 잘 찍기 위해 사진 잘 찍는 강의도 찾아서 듣게 될 정도였으니 말이다. 지금 생각하니 아무것도 하기 힘들어하던 내가 사진 잘 찍기 위해 강의를 찾아보는 모습을 상상하니 참 재미있다는 생각이 든다. 그렇게 별것 아닌 하루하루가 모여, 조금씩 내가 무언가를 할 수 있구나 하는 자신감이 생겼다. 팔로워가 늘고 '좋아요'가 많아지는 것을 보고, 내가 다른 사람이 된 것 같은 착각도 일으켰다. 물론 현실의 나와 SNS 속 나의 괴리감을 느끼며 잠시 SNS 활동을 중단하기도 했지만, 나를 사진과 글로 기록하는 행위는 분명 자존감을 높이는 데 도움이 되었다. 물론 마케팅을 위해서 인스타그램을 하는 사람이 많지만, 나는 그저 나를 표현하는 기록의 수단으로 활용해 볼 것을 추천한다.

　　기록을 하면서 나는 내가 하는 행동들에 조금씩 의미를 부여하게 되었다. 매일 게시물을 올리려면 없는 의미라도 억지로 찾아내야 할 판이었다. SNS에 올리는 사진도 억지로 의미를 부여하게 되었다. 맑은 하늘을 보며 사진을 찍어서 "화창한 날, 잠시 고개를 들어 하늘을 본다." 식으로 손발이 오그라드는 글을 적는다. 또 늘 쓰던 설거지 비누 사진을 찍어 올리면서, 제로웨이스트가 된 것처럼 나에게 어떤 가면을 씌우게 되기도 했다. 사실 고백하자면, 나는 환경을 걱정하며 살림을 하기는 하지만 유명한 인플루언서처럼 제로웨이스트를 철저하게 생활 속에 뿌리내린 살림꾼은 아니었다. 그저 사진 한 장에 그렇게 의미를 부여하며 나를 조금씩 들여다보게 되는 것이 재밌었다. 그 덕분에 무료했던 일상에 생기가 돌기 시작했다. 인스타그램은 내 삶에서 나의 의미를 부여하게 해준 수단이었던 것 같다.

뒤늦게 알게 되었지만, 나를 제대로 알아가기 위해서 '기록하는 것'은 선택이 아니라 필수이다. 그만큼 자기 자신을 알기에 기록하는 것이 중요하다는 것이다. 공개적인 SNS가 부담스럽다면, 블로그에 비공개로 글을 써보자. 한두 줄이라도 매일 쓰는 것이 중요하다. 사소한 나의 하루를 기록해서 의미를 부여해보자. 내가 살아낸 하루하루가 감사하게 느껴질 것이다.

'의미부여'와 함께 중요하게 생각해야 할 것이 '자기암시'이다. 그 예로 나와 친한 여동생을 이야기해야겠다. 그녀는 아주 밝고 똑 부러지는 성격에다가 언제나 자신감이 넘치고 자존감도 아주 충만한 성격이다. 하지만 원래부터 그런 성격은 아니었다고 고백했다. 어렸을 때는 떨리고 부끄러운 마음을 꾹 참고 앞에 나서서 발표도 하고 노래도 불렀지만, 늘 긴장하며 안 떨리는 척 연기를 했다고 했다. 한편, 부드러운 외모 덕분에 순둥이라는 별명이 붙을 정도였던 그녀는 반전의 음악 취향이 있었다. 평소에 그녀는 지코, 영지 같은 래퍼들의 힙합 노래를 즐겨듣는다고 했다. 특히 가사를 노트에 적어가며 외워 부를 정도였다. 그녀가 듣던 노래들에는 어떤 어려움에도 자신감을 가지고, 남의 시선 따위에 신경 쓰지 않고 나를 사랑한다는 가사들이 많았다. 그녀는 운전하며 노래를 듣고 따라 부르면서 자기암시를 했다. 그러는 동안 스스로도 자신감이 생기고 자존감이 커졌다고 했다. 참 신기한 경험이었다며 나에게도 적극적으로 권해주었다.

그녀의 이야기를 들으며 나는 '자기암시'가 주는 내면의 힘을 강렬하게 느끼게 되었다. 나는 내향적인 성격에다가 늘 자존감이 부족했다. 남들과 이야기를 할 때마다 대화의 끝은 늘 뭔가 찜찜하고 부족함을 느꼈다. 자신감도 부족했던 것 같다. 그럴 때마다 내가 가진 성격을 탓하며 그저 숨기에 급급했다. 내향적 성격을 극복하는 방법으로 자기암시를 해보자. "나는 충분히 멋지다. 나는 뭐든지 해낼 수 있다. 누가 뭐래도 나는 세상에서 하나뿐인 사람이다." 자꾸만 되뇌어본다. 내면의 나에게 들리도록 아무도 없는 곳에서 반복해서 소리쳐보자. 많은 책에서 이야기한다. 생생하게 그리고 외치면 이루어진다고 말이다.

나에게 인간관계는 늘 힘든 과제와도 같았다. 인간은 사회적 동물이므로 남과 더불어 살아간다. 그러는 동안 우리는 남의 시선을 신경 쓰며 산다. 나는 특히나 남에게 비치는 내가 어떨지 늘 염려하며 소심하게 행동했다. 하지만 배려가 지나치면 상대방은 부담스럽기 마련이다. 늘 나의 인간관계는 그런 식이었던 것 같다. 상대방의 감정을 신경 쓰느라 정작 나의 본심을 숨기기도 했다. 또 상대방의 이야기를 들어주느라 내 이야기를 굳이 표현하지 못하고 묻어 두기도 했다.

그러다가 남의 시선을 크게 신경 쓰지 않는 사람도 있다는 것을 가까이에서 느끼게 되었다. 바로 나의 남편이다. 10여 년을 같이 살면서, 나와는 정반대의 성격의 사람이란 것을 느끼는 때가 많았고, 그때마다 존경심마저 들었다.

어떻게 보면 이기적으로 보일지도 모르지만, 남편은 늘 자기중심적인 사람이다. 다시 말하자면, 우선순위가 늘 자기 자신이다. 자신의 몸이 피곤하면 어떤 술자리든 가지 않기도 했고, 자신의 상황이 여의치 않으면 남의 부탁도 거절을 잘하는 편이었다. 그렇다고 남에게 무례하게 행동하는 사람은 아니다. 거절하기가 힘들어 나를 늘 우선순위에서 미뤄두었던 나와는 정말 반대라고 하겠다.

남편의 영향인지 요즘은 인간관계를 조금은 더 느슨하게 생각하게 되었다. 집착하거나 배려하면서 상대방을 나 자신보다 신경 쓰지는 않게 된 것이다. 당신은 어떠한가? 수많은 관계 속에 지쳐서 의미 없는 만남을 계속하고 있지는 않은가? 나는 누구나 인간관계에서 자신이 우선인 사람이기를 바란다. 모든 인간관계가 끈끈하고 의미 깊어야 하는 것은 아니다. 적어도 나를 먼저 돌보는 사람이기를 바란다. 타인의 시선을 무시할 수 있는 자기애가 넘치는 사람이기를 바란다.

나는 『무기력이 무기력해지도록』이라는 책을 무기력할 때 읽게 되었다. 아무것도 하기 싫을 때, 인터넷 서점에서 '무기력'을 검색하니 제일 먼저 나온 책이었다. 정신의학과 교수이자 의사이기도 한 한창수 작가는 이 책에서 무기력을 너무 오래 방치하면 우울증으로 발전하게 된다고 했다. 점점 더 아무것도 할 수 없을 것 같은 나쁜 생각이 나를 잡아먹는 장면을 상상해보라. 끔찍하지 않은가? 내가 나를 잡아먹는 장면이 그려진다면, 당장 집에 있는 어떤 책이라도 집어 들고 읽어야 한다. 무기력하게 몇 달씩 방에 누워 아무것도 안 하고 하루를 보내고 있다면, 이제는 당장 뭐라도 해보자.

나는 설거지를 하며 집안일을 하며 오디오북을 듣는 것을 좋아한다. 사실, 아무도 없는 집에서 혼자 있다 보면 멍하니 아무것도 하기 싫어질 때가 있다. TV나 동영상을 보면 시간이 너무 금방 지나가 버리고, 허탈해진다. 그럴 땐 누군가 옆에서 책을 읽어준다는 것만으로도 좋다. 사실 소설이든, 자기계발서든, 에세이든 상관없다. 그저 듣는 것만으로도 옆에 누가 있는 것처럼 느껴지기 때문이다. 그렇게 책의 내용을 듣다 보면 어떤 일이 나만 그런 것이 아니구나 하는 위로를 받게 되기도 한다. 그러면서 그 순간 힘을 얻게 된다.

누구나 살다 보면 맞게 되는 어려운 순간들이 있다. 그럴 때마다 도망치고 회피하다 보면 습관이 되는 것 같다. 열심히 달리다가 잠시 멈춰 숨

성공을 꿈꾸는 美친 여자들의 반란

을 고른 후에는 다시 달리던 그 관성의 힘으로 달려야 한다는 것을 깨닫게 되었다. 주저앉아 버리면, 다시 일어나서 시작하기에 너무 많은 힘이 소모되기 때문이다. 달리다가 숨이 막혀 헉헉대고 있다면 잠시 숨을 고르자. 그리고 다시 달려보자. 괜찮다. 나는 자신에게 괜찮다고 말해준다. 이 또한 나의 삶의 일부가 될 것이니, 그렇게 지쳐 쉬었다면 다시 털고 일어나라고 말이다.

남들의 평가에 연연하지 말고, 자신 스스로에게 당당하면 된다. 힘들면 쉬어가고, 괜찮으면 또 달리면 된다. 길을 잘못 든 것 같으면 다른 길로 다시 가면 그만인 것이다. 항상 지름길로만 갈 수는 없지 않을까? 좀 돌아서 가는 인생이라도 그저 자신의 인생일 뿐이다. 스스로의 힘을 믿자. 미리 포기하거나 주저앉지 말고.

06 겨울이 지나야 봄이 온다

봄이 아름다운 이유는 뭘까?

바로, 겨울이 있기 때문이다. 1년 중에 3개월쯤 되는 겨울 동안은 나무들은 마치 죽은 고목처럼 보인다. 매서운 영하의 겨울 날씨에도 묵묵히 서 있긴 하지만, 추위를 견디지 못하고 그저 생명이 없는 듯 보이기도 한다. 하지만 정말 죽은 것이 아닌 것을 안다. 땅속 깊은 곳에 있는 나무의 뿌리는 비축해둔 영양을 통해 최소한의 활동만 할 뿐이다. 그러다가 기온이 영상으로 오르면 드디어 새싹을 틔우고, 꽃을 피운다. 그때의 그 어린 연둣빛 새싹이 얼마나 고귀한지를, 우리는 매년 봄이 온 것을 알리는 앳된 새싹을 보고 희망의 감정을 느끼고 있다.

내가 다른 꿈을 품고자 사직서를 제출하였지만 여러 불안과 걱정에 우울했던 시간들을 보내던 때가 있었다. 한동안 미뤄두었던 집 청소라도 해보자며, 거실 정리를 하게 되었다. 프리지아 화분이 죽은 채 시들어 방치된 것이 아닌가? 그동안 직장생활 한다는 핑계로 살림을 제대로 하지 못했던 것 같아 부끄럽기도 했고, 예뻤던 프리지아 꽃에 미안한 마음이 들었다. 차마 바로 버리지 못하고 주방 베란다 한편에 두었는데 몇 달이 지나 베란다 정리를 하며 나는 깜짝 놀랐다. 죽은 줄 알았던 프리지아 화분에서 연두색 작은 새싹이 나오고 있었다.

'아니 그럼, 그 화분 속 프리지아가 죽은 것이 아니었어? 어떻게 감쪽같이 죽은 줄 알고 꽃을 버릴 뻔했구나.'

나중에 알고 보니 프리지아는 알뿌리 식물이었고, 주방 베란다에서 지낸 몇 달 동안 흙 속에서는 싹을 틔울 준비를 하고 있었던 것이다. 나는 화분 속에서 무슨 일이 벌어지고 있는지도 모른 채 하마터면 죽은 식물이라고 버릴 뻔했다는 사실에 더욱 미안했다.

그러고는 화분에 솟아난 1㎝도 되지 않는 작은 새싹을 가만히 바라보았다. 문득 나는 나 스스로를 돌아보게 되었다.

'시들었다고 화분을 버렸다면 나는 저 새싹을 보지 못했을 텐데, 그렇다면 나도 한번 실패했다고 인생을 포기해버린다면, 내 안에 있을 새로운 희망을 보지 못하겠구나. 실패했더라도 내 인생이 끝나는 것이 아닌데 왜 쉽게 포기하려고 했을까? 분명 내 안에도 숨겨진 힘이 있을 거야.'

내가 해야 할 일은 잠재된 나를 믿고 꾸준히 노력하는 것이란 것도 그날 깨달았다. 그렇게 나는 내 두 번째 인생에 힘을 보태게 되었다.

그 후 나는 2년째 온라인 쇼핑몰을 운영하고 있다. 그러면서 온라인 쇼핑몰도 정체기가 있다는 것을 깨닫게 되었다. 몇 달 동안 잘 팔리던 상품이 어느 날 판매량이 눈에 띄게 감소하게 된 것이다. 어찌 된 일인가 확인을 해보니, 뒤늦게 경쟁업체들이 생겼고 비슷한 상품을 더 싼 가격에 판매하고 있었다. 그 때문에 내 상품은 쇼핑 검색 페이지에서 뒤쪽으로 밀리게 된 것이었다.

잘나가던 상품이라도, 생명의 주기가 있다는 것을 깨달았다. 패션에도 유행이 있듯이, 한 아이템이 3년 이상 잘 판매되기는 쉽지 않다. 또, 인기를 끄는 아이템이 나오더라도 시간이 지나면 비슷한 경쟁상품이 나오는 것을 자주 보지 않았는가? 역시 내 쇼핑몰에서 판매되는 상품도 마찬가지였다. 생필품이 아닌 이상, 상품도 탄생과 성장과 쇠퇴의 시기가 있는 것이다. 그래서 늘 트렌드에 민감해야 하고, 시장 상황을 주시해야 한다. 잘나가던 상품이 있더라도, 또 한편으로는 다른 상품의 개발에 늘 신경 쓰고 있어야 한다. 그렇지 않으면 잘나가던 상품은 경쟁업체가 나타나며 매출이 주춤하게 되기도 하고, 트렌드가 바뀌어 소비자의 선택을 받지 못하게 되기도 한다. 이것을 당연한 과정으로 받아들여야 한다. 그래야 다른 상품을 준비할 수 있다.

나는 애지중지 키운 상품이 더 이상 팔리지 않는다고 해서 가격을 서로 인하하며, 제 살 깎아 먹기식 판매자 간의 출혈 경쟁에 뛰어들지 않는다. 나는 현명하게 다음 아이템을 찾아 나선다. 그것이 다음 봄을 기다리는 자세임을 이제는 알게 된 것이다.

소비자의 요구는 다양하고, 또 수시로 변화한다. 그렇기 때문에 힘들기도 하지만, 그래서 더 가능성이 있다고 볼 수도 있다. 그래야 뒤늦게 쇼핑몰을 시작한 사람들도 틈새를 찾아 성공할 수가 있지 않을까? 이것이 모두 레드오션이라 부르는 분야도 늦지 않다고 이야기하는 이유이기도 하다. 이를 통해 나는 확실한 한 가지를 눈치 챘다. 어떤 일이든 늦은 것은 없다는 것을 말이다. 그리고 다음 봄은 또 온다. 물론, 준비된 자에게만.

솔직히, 1인 기업은 외롭다. 직원 없이 혼자 집에서 컴퓨터 앞에 앉아 일을 하다 보면, 내 생각에만 사로잡히기 쉽다. 그래서 진취적인 생각을 점점 하기 어려워지는 것 같다. 나는 그럴 때 필요한 것이 동료라고 생각한다. 너무나 감사하게도 나는 그런 시기를 함께 겪어내고 있는 동료가 있다. 함께 강의를 듣고, 비슷한 시기에 창업하여 비슷한 고민으로 서로 격려하고 응원하며 앞으로 나아갈 힘이 되는 존재가 되어주고 있다.

나는 앞서 말했듯이 내향적인 성격을 가지고 있다. 먼저 다가가는 데에도 큰 용기가 필요하고, 지속적인 소통을 하는 데에도 큰 노력이 필요했다. 또 나는 인간관계에 있어서 상처받은 적이 많았다. 그래서인지 나는 무의식적으로 될 수 있으면 인간관계를 깊이 맺지 않으려고 하는 습관이 있었다. 그런데 내향적인 성격의 장점이 발휘된 것일까. 나는 상대방과의 소통에 더 세심하게 살필 수 있었다. 그리고 다행히 나를 이해해주는 귀한 동료를 만났으니 참 감사하고, 또 신기한 일이다.

1인 기업이라면서, 꼭 동료가 필요한 걸까? 내가 생각한 동료가 필요한 이유는 첫 번째로, 동료가 있으면 그 일을 지속하기 위한 힘이 생긴다. 나의 경우를 말하자면, 개인 사업을 한 지 1년 반 정도가 지나자 슬럼프에 빠졌었다. 더 이상 발전하지 못하는 것 같아 다시 무기력감에 빠지게 된 것이다. 그런데 신기하게도 나의 동료도 비슷한 기간에 슬럼프에 빠지게 되었다. 긴 통화를 하며 우리가 왜 슬럼프에 빠진 걸까 고민을 나눴다. 그리고는 서로 매일 조금씩 슬럼프에서 벗어나기 위한 시도를 해보게 되었다. 그 동료가 없었다면, 나는 나 혼자만의 생각에 빠져 나를 객관적으로 보지 못했을 거다.

동료가 필요한 두 번째 이유는 감정을 나누기 위해서이다. 창업하긴 했어도 내 회사의 대표도 나고, 직원도 나다. 아무리 가족이라 하더라도 그날 쇼핑몰을 운영하며 있었던 일을 세세하게 이야기 나눌 수는 없다.

남편도 남편대로 회사 일을 나에게 다 이야기하지 못하는 것처럼 말이다. 사소한 고객과의 CS를 하며 있었던 문제들, 그 과정에서 있었던 내 감정들을 내 안에서 소화할 수 있으면 좋겠지만 쉽지 않았다. 동료와 이야기를 나누다 보면, 나에게만 일어나는 일이 아니라는 사실에 위로가 되기도 한다. 더 나아가, 나에게 앞으로 비슷한 일이 생기면 참고가 될 만한 자료가 되기도 한다. 혼자만의 해결책이 아니라, 다양한 해결책이 있다는 것을 알게 되니 든든한 지원군이 생긴 기분이 든다.

마지막으로, 동료가 있으면 한 단계 더 발전하게 된다. 선의의 경쟁 관계가 되는 것이다. 사소한 감정을 나누는 사이가 되면, 서로 위안만 되고 그 자리에 머물게 될 수도 있다. 그렇지 않으려면 보통의 수다와는 달라야 하기에 나도 더 노력하게 되었다. 내가 느끼기에 이것이 가장 중요한 점인 것 같다. 사실 나도 동료와 첫 번째, 두 번째 이유로 자주 연락을 주고받았다. 꾸준히 내가 하는 일을 지속할 수 있으려고 연락을 하고, 서로 힘든 점을 나누려고 대화를 많이 했다. 그러다가 문득 우리가 서로의 시간을 허무하게 소모하고 있지는 않은가 하고 돌아보게 되었다. 내가 동료 덕분에 슬럼프에서 벗어날 수 있었는데, 나도 동료에게 도움이 되고 싶다고 생각하게 된 것이다. 한 단계 더 나아간 고민이었다. 그래서 우리는 서로 단기 목표를 정하고 달성하기를 선언했다. 무엇이든 서로 시도할 수 있는 용기를 주는 것이다. 그런 존재가 있다는 것이 나는 참 행운이고 감사하다.

누구에게나 시련이나 고비가 온다. 우리가 시린 겨울을 보내는 동안
은 이대로 모든 것이 끝날 것 같은 느낌이 들게 된다. 나 혼자만의 생각
에 오랫동안 사로잡히게 되면 꼭 부정적인 결론에 도달하기 쉽다. 나도
우울감에 빠져 있는 동안 이대로 그냥 주저앉아버려야 하나 하는 생각을
하기도 했다. 하지만 그때마다 봄이 기다리고 있다고 생각해 보자. 봄이
되었을 때 그대로 얼어 죽은 나무가 되지 않으려고, 겨울을 현명하게 보
내자. 성공한 분의 책을 읽기도 하고, 동료와 고민을 나누기도 하면서 말
이다. 그럼 또다시 내 안에서 힘이 차오르는 것을 느낄 것이다. 분명 봄
은 우리를 기다리고 있다.

07 한 번도 적어본 적 없는 인생 성장 스토리

"내가 살아온 인생을 책으로 썼으면 수십 권이지."

많은 사람이 자신의 인생 스토리를 적어본 적은 없지만 자신 있게 이렇게들 얘기한다. 책으로 썼으면 수십 권일 이야기들이 막상 적어보려고 하면 어떻게 될까? 이미 많은 경험들은 머릿속에서 얽혀 뒤죽박죽 섞여 버렸고, 큰 사건을 제외하면 기억나지 않는다. 그때의 감정 또한 모호해져 버렸을 뿐이다.

그래서인지 요즘 서점에 가면 기록의 중요성을 일깨워 주는 책들이 참 많다. 사소한 메모에서부터 매일 일기를 쓰는 것, SNS상에 기록을 남기는 것 등 방법은 많다. 하지만 우리는 사소한 경험을 남기는 것에 익숙하지 않다. 귀찮다는 이유로 미루기도 하고, 바쁘다는 핑계로 내 안의 이야기를 중요하게 생각하지 않기 때문이다.

나 또한 기록의 중요성을 알지만, 기록을 부지런히 하지는 못했다. 그래서 처음 이 책의 공동 저자로 참여할 수 있게 되자, 그동안 틈틈이 글을 써두지 못한 것에 반성의 시간도 가졌다. 기록을 한다는 것은 나를 위한 일이다. 기록을 하면 내 생각이 명료해지고, 생각이 명료해지면 내 행동에 있어 선택도 명확해진다. 생각은 머릿속에 있을 때는 무형이지만, 글로 쓰는 순간 유형의 것이 된다고 한다. 과거의 일을 통해 현재를 더 현명하게 살아가는 것도 가능해진다. 그렇다면 내일도 오늘 보다 더 나은 내가 될 수 있다.

우리가 꿈과 목표를 가지는 것도 좋지만, 막연히 그냥 꿈을 가질 수는 없다. 아이에게 "넌 꿈이 뭐니? 넌 목표가 뭐니?" 하고 막연히 물으면 뭐라고 대답할까? 다양한 경험이 없는 아이라면 어른들은 무심결에 아이에게 꿈을 강요하게 되기도 한다. 그럼 아이는 그 꿈을 자신의 꿈으로 알고 살아가게 된다. 자신 스스로도 제대로 모른 채 말이다.

그렇다면 이미 어른이 된 우리에게 꿈이 뭐냐고 물으면 어떨까? "없다."라거나 "살기 바빠서 내 꿈이 뭔지도 모르겠다."라고 대답할지도 모른다. 어렸을 적 꿈을 강요받은 아이가 자라 꿈이 없는 사람이 되는 것은 아닐까?

나를 위한 고민이 시작되었다면, 이제 나를 제대로 알아보자. 그러기 위해서는 나의 인생 스토리를 적어보는 것이 좋겠다. 이제껏 제대로 생각해본 적이 없다면 지금 해보자. 이를 위해 소개해야 할 책이 있다. 최근 발간되어 베스트셀러에 오른 김익한 교수의 『거인의 노트』라는 책이다. 나는 이 책을 읽고 정말 놀랐다. 기록의 중요성을 이야기 하는 책은 있었지만, 이토록 자세한 방법까지 알려주는 책은 처음 보았기 때문이다. 특히 나를 제대로 알기 위해서 '인생 지도 그리기', '자기 역사 쓰기' 등 바로 적용할 수 있는 유용한 정보들도 도움이 되었다.

그중 "자기 역사 쓰기"는 꼭 해봐야 한다는 생각이 들었다. 나의 지난 날을 돌아보며 차근차근 적어보면 내가 어떤 사람인지 좀 더 객관적으로 볼 수도 있다. 이 책에서는 초등학교 이전부터 차근차근 자신의 연표를 작성하는 것부터 시작하라고 한다. 내가 삶에서 중요하다고 느꼈던 순간을 기억해 내는 것이 핵심이라고도 했다. 학창 시절에 한국사든 세계사든 연표를 중심으로 주요 사건들을 외웠던 경험이 있을 거다. 바로 그렇게 나 자신의 역사를 알아보는 것이다. 참 재미있고 쉬운 방법이다.

연표를 쭉 써보는 것만으로도 내 인생을 객관적으로 바라볼 수가 있겠다. 막연한 생각 속의 자신과 이렇게 글로 표현된 자신은 다를 수 있으니 말이다. 그리고 자신이 중요하게 생각하는 관점들이 보일 것이다. 자신 만의 기준으로 쭉 써 내려간 사건들을 분류하여 연표를 만들면 된다. 그 런 다음, 저자는 내 인생에서 중요하다고 생각되는 10대 사건을 선정해 보라고 했다.

나의 경우도 마찬가지였다. 이렇게 글을 쓰면서 나의 어린 시절을 떠 올리니 좋았던 기억들과 아픈 기억들이 떠올랐다. 내 인생에 중요하게 영향을 미쳤다고 생각되는 여러 사건이 있었다. 그 경험들로 인해 그때 의 내 감정은 어땠는지 생생하게 기억나는 일들도 많았다.

그런데 그러는 와중에 재미있는 점을 발견했다. 내가 경험했던 것들을 보니 좋은 일이 꼭 좋기만 한 것은 아니고, 나쁜 일이 꼭 나쁘기만 한 것 은 아니라는 것이다. 더 구체적으로 돌아보면, 어린 시절 말더듬증으로 내향적인 성격이 더욱 깊어졌지만, 남의 아픔을 이해할 수 있는 배려 있 는 어른으로 자랄 수 있었다. 또, 안정된 직업을 가지고자 공무원에 합격 하였지만, 오히려 시간이 흘러 스스로 답답함을 느꼈던 것도 그렇다. 불 안한 1인 기업으로 시작했지만 하나하나 스스로 극복하는 힘을 키우고 있으니 인생이란 것이 참 재미있다.

흔히 '인간만사 새옹지마'라는 말을 한다. 그저 남의 이야기만 그런 줄 알았더니, 내 이야기도 그렇게 흘러가는 것이 얼마나 재밌는지 모른다.

내 인생에서 지금 위기에 빠져 있다는 생각이 든다면, 당장 생각을 바꿔보자. 사실 쉽지 않다는 것을 안다. 하지만 나 자신을 믿어보자.

나는 새옹지마라는 말을 들으면 떠오르는 선배가 있다. 내가 직장 시절에 만난 분이었는데, 서울에서 거주하며 직장을 다니다가, 내가 있던 인천으로 발령을 받아와서 알게 되었다. 그 선배는 똑똑하고 성격도 좋았는데, 자세한 사정은 알 수 없지만 좋지 않은 일로 타 청으로 하향 전보를 받고 왔다고 했다. 아내와 아이들이 있는 곳에서 멀리 떨어진 곳으로 출퇴근을 하니 얼마나 힘들었을까? 더군다나 승진이나 좋은 일로 발령받은 것이 아니다. 그래서 일의 중요도가 상대적으로 적은 업무를 받아 더욱 심적으로 힘들었을 것 같다. 하지만 그 선배는 그것을 전화위복의 계기로 삼았다. 일의 중요도가 적은 업무에 불평하지 않고, 전문 자격증을 공부하기 시작했다. 선배의 꿈이었던 전문 자격증을 취득하여 지금은 서울에서 세무사로 더 많은 수익과 보람을 가지고 일하고 있다.

만약 그 선배가 인사 발령을 받아들이지 못하고 힘들어하며 술만 마시며 2년이라는 시간을 보냈다면 어떻게 되었을까? 좌절에 빠져 스스로를 자책하며 시간만 보냈다면 또 어땠을까? 사람들은 모두 자기중심적이다. 내 자존심이 다치지 않기 위해 그 상황을 모면하려고 아무렇지 않은 척하기도 한다. 하지만 그는 자신을 위한 것이 무엇인지 차분히 생각해보았을 것이다. 나는 그 선배와 1년을 함께 근무했지만 많은 것을 배울수 있었다. 업무에 있어서 도움을 받은 것도 있지만, 인생을 살면서 가져야 할 긍정적인 자세를 배웠다. 그리고 그 중심에는 내가 있어야 한다는 것도 말이다.

자신의 인생에서 지향점이 있는가? 누구든 꿈과 목표를 막연히 물으면 어려울 수 있다. 하루하루 살기에 바빠 내가 가고자 하는 지향점을 모르고 살고 있지는 않은가? 인생에서 지향점이 생긴다는 것은 아주 큰 변화가 시작된다는 것을 의미한다. 내가 하는 일에도 그에 맞는 개인적이고도 사회적인 의미가 생기기 때문이다. 예를 들어 우유 배달원이라는 일을 하고 있다고 해보자. 자신의 인생 지향점이 '나와 남에게 가치 있는 사람이 되는 것'이라고 했을 때, 보람된 일이라고 할 수 있는지 생각해보면, 그렇다고 말할 수 있다. 내가 배달한 우유가 한 가정에서 온 가족이 마실 수 있는 아침 식사가 될 수도 있으니 가치 있는 일을 하는 사람인 것이다. 그렇게 곰곰이 생각해보면, 내 인생 지향점이 있다면 내가 하는 모든 사소한 일에도 의미를 부여할 수 있게 된다.

내 인생 지향점은 '나와 남에게 가치 있는 사람이 되는 것'이다. 쓸모 있는 사람이 되는 것이다. 내가 하는 조그만 일에서부터 의미를 부여하고, 그렇게 점점 타인에게까지도 가치 있는 사람이 되고 싶다. 내가 하는 일을 한낱 제품을 판매하는 일이라고 생각하지 않고, 꼭 필요로 하는 사람에게 필요한 제품을 편리하게 공급해주는 일이라고 여긴다. 내가 하는 일이 우주 밖에서 일어나는 일에 비하면 미미한 일일지라도, 나 스스로 뿌듯함을 느끼는 일을 하고 있다.

나는 누구나 자신 안에는 자신만이 저장해두고, 자신만이 꺼내 쓸 수 있는 힘이 있다고 믿는다. 과거의 나와 현재의 나는 다르지 않다. 나의 역사를 쓰며 나 자신을 스스로 돌아봤다. 나의 과거 다양한 경험들로 인해 나에게는 다양한 지식과 지혜가 있다고 믿는다. 내가 살고 싶은 인생을 구체적으로 그려보며 미래의 내 인생도 명확하게 떠올려 보자. 나는 어떤 인생을 살았고, 앞으로 또 어떤 인생을 살고 싶은지 적어보자. '나'라는 영화의 주인공도 감독도 바로 나 자신이니 나만의 인생 스토리를 꼭 적어보길 바란다.

성공을
꿈꾸는
美친
여자들의
반란

4장

변화를 선택한 당돌한 여자

· ·

디지털 노마드로 살아간다 in 캐나다

- 백현희 -

01 삶의 균형을 맞출 때 일어나는 변화

해외 생활 20년 만에 문득 찾아온 어느 날, 세상이 멈춘 듯 조용했다. 미국 생활을 접고 남편 가족이 있는 캐나다 토론토로 온 지 벌써 15년째다. 낯선 새로운 환경과 문화에 적응하며 친정 식구 없이 아이를 키우느라 정신없이 바빴다. 매일 도시락을 싸서 아이를 학교에 데려다 주고 난 후, 집안 청소와 시장을 다녀오는 것만으로도 처음엔 체력적으로 버거웠다. 시댁이 가까이 살지 않아 도움을 받을 수도 없는 상황이었다. 영화관은 10년 동안 한 번도 가본 적이 없는 것 같다. 활동적인 딸이 방과 후 수영과 체조를 시작하면서 나의 일상도 바쁘고 정신없이 흘러갔다.

나를 돌볼 마음의 여유나 생각은 못했던 것 같다. 가끔 친구들과 수다를 떠는 것으로 위안을 삼았다. 뒤돌아보니 시간이 정말 빠르게 지나간 것 같다. 코로나로 모든 일상이 멈추지 않았다면 지금까지도 똑같은 생활을 반복하며 지내고 있지 않을까 싶다. 온 가족이 집에서 각자의 스케줄을 소화했다. 남편은 하루 종일 회사 일하느라 바쁘게 보내고 있었고, 딸아이는 온라인으로 수업을 듣고 친구들과 화상 채팅을 하며 보내고 있었다. 나는 가족을 위해 음식을 준비해주는 것 외엔 달리 할 일이 없었다. 이렇게 하루하루를 보내면서 '나는 지금 이대로의 삶에 만족하나?', '난 괜찮은가?', '내 꿈은 뭐지?' 하는 생각이 들었다.

그러다 문득 지친 나를 사랑해주고 돌보는 시간을 가져야겠다는 생각이 들었다. 나를 사랑하는 일을 시작하자고 결심하며 처음 한 일은 내 주변을 정리하는 일이었다. 늘 부족하지 않게 채우기에만 급급했던 나는 3개월 동안 비우기 연습을 매일 했다. 이상하게 물건을 비울수록 마음이 편해지고 생각 정리가 되기 시작했다. 이것이 '미니멀 라이프가 주는 힘이구나.'라고 느꼈다. 물건을 없앤다는 건 단순히 쓸모없는 짐을 줄이는 것만이 아니라 삶을 다시 재점검해 나가는 과정인 것 같다.

나를 위한 음식 만들기도 시작했다. 바쁘다는 핑계로 대충 먹거나 언제나 가족들 위주로 음식을 만들다 보니 내가 뭘 좋아하는지도 잊어버렸던 것 같다. 처음엔 이런 것들이 낯설었다. 그러나 나를 소중히 대하는 일에 집중해 보기로 했다. 어느 때부터인가 내 맘에 행복이라는 떨림이 조금씩 생겨났다. 그 설렘이 나를 아침마다 일찍 깨웠던 것 같다. 새벽의 맑은 공기와 고요함 속에서 책읽기에 집중하며 나만의 시간을 즐겼다. 조용한 시간을 찾아 책읽기를 한 것뿐인데, 마음이 설렜고 그날 하루가 특별하게 느껴졌다. 다양한 분야의 책들을 읽다 보니 변해가는 세상이 궁금해지고 배우고 싶은 것들이 생겨났다. 팬데믹으로 인해 오히려 다양한 온라인 강의가 생겨났고, 세계 어느 곳에서도 배울 수 있는 기회들이 열렸다. 나는 시간을 투자해서 원하는 것들을 배우기 시작했다. 평소 김미경 강사의 강의를 좋아한다. 푸근한 옆집언니 같으면서도 맛깔스러운 이야기 속에 힐링과 치유가 있기 때문이다. 예전에 토론토에 오셨을 때 티켓을 끊어 들으러 간 적도 있었다. 팬데믹이 터지자 김미경 강사님이 학장님이 되어 온라인 'MKYU대학'을 통해 소통하기 시작하셨고, 나도 온라인대학의 학생이 되어 즐겁게 공부하고 배웠다. 단지 지식만을 배운 것이 아니라 새로운 희망과 용기를 얻었다. 그렇게 내 삶에 변화가 생겼다. 나비효과처럼 꼬리에 꼬리를 물고 이어졌던 것 같다.

난 이효리를 좋아한다. 2017년에 방영된 〈효리네 민박〉을 통해 팬이 됐다. 제주 생활에서 보여주는 그녀의 모습은 해외 생활에서 내가 살면서 느끼는 여러 모습들과 비슷했다. 세상 속에 사는데 고립되어 있기도 하고, 외로움을 느끼지만 스스로를 외톨이로 만들면서 편안함과 자유로움을 추구하는 모습이 내게 많은 공감을 줬다. 요가를 통해 자신의 내면을 돌아보는 성찰의 시간을 갖는 모습도 매력적이었다. 내가 요가를 시작하게 된 계기다. 지금도 마음이 복잡하거나 힐링이 필요할 때면 요가 매트를 실은 차를 몰고 요가를 하러 간다.

〈효리네 민박〉에서 이효리는 있는 그대로의 모습을 사랑하는 법을 보여줬다. '이런 시간들이 필요하겠구나.'라는 생각이 들었다. 왠지 그녀와 내가 시공간을 뛰어 넘어 교류하고 있는 듯했다. 그녀는 "좋은 사람을 만나려고 여기저기 눈을 돌리면 없고, 나 자신을 좋은 사람으로 바꾸려고 노력하니 오더라. 여행도 많이 다니고 책도 많이 보고 경험을 쌓아서 어떤 게 좋은지 알아야 좋은 사람이 딱 나타났을 때 알아볼 수 있어. 그러니 자신이 먼저 좋은 사람이 되려고 노력해야해"라고 말했다. 이 말속에서 난 그녀가 가진 생각과 철학을 느낄 수 있었다. '내가 먼저 좋은 사람이 되려면 어떻게 해야 하지?'라는 나의 대답은 '나를 먼저 아끼고 사랑하는 법을 배워야겠다.'라는 생각으로 정리가 됐다.

그때부터 가진 생각들이 팬데믹을 시작으로 더욱 구체적으로 발전해 가는 계기가 됐다. 같은 여자가 봐도 멋지고, 화려할 줄도 알고 평범할 줄도 아는 그녀, 남들 시선과 상관없이 내 기준에 맞춰 자신에게 집중할 줄 아는 그녀! 이효리는 그 비밀을 알고 있기에 특별한 아이콘인 것 같다.

몇 년 전 바쁜 일상을 살던 중, 극도의 피곤함과 가슴 통증을 경험하는 일들이 잦아졌다. 콩나물 하나 다듬기가 힘들고 이유 없이 몸이 딱딱하게 굳어 침대에 누워 있을 수밖에 없는 상황이 생기기도 했다. 급기야 새벽에 극심한 가슴 통증으로 응급실을 달려가는 일들도 발생했다. 담당 의사를 만나 다양한 검사를 했지만 정확한 이유를 알 수 없었다. 결국은 섬유근육통(fibromyalgia)이라는 진단을 받았다.

처음엔 눈앞에 깜깜했다. 나에게 이런 일이 생긴 사실이 화가 나고 마음이 무너져 내렸다. 왜 나에게 이런 일이 찾아온 것일까? 한동안 여러 생각들로 괴로웠다. 그러나 그렇게 넋 놓고 있을 수만은 없었다. 중요한 결정을 내려야 하는 순간이 내게 왔다. 의사가 권하는 치료약을 평생 먹을 것인가 아니면 운동과 기도, 명상을 통한 자연치료 방법을 선택할 것인가였다. 나는 후자를 선택했다. 쉽지 않은 결정이었다. 그로부터 나와의 힘든 사투를 벌여야 했다. 알 수 없이 나타나는 다양한 통증과 싸워야 했고, 무너져가는 내 감정을 지켜내야 했다. 살기 위해 3년 동안 매일 운동과 기도를 했다. 건강을 잃으면 모든 것을 잃을 수도 있다는 걸 뼈저리게 경험했던 시간들이었다. 이제는 일상생활을 유지할 만큼 회복했다. 하지만 평생 내 감정과 컨디션을 잘 살피며 조절해야만 한다. 방치해서 이전으로 돌아가는 것은 시간 문제이기 때문이다. 남들에게는 일상일 수 있는 일이 내게는 지켜내며 노력해야 하는 일이다. 그래서 난 지금도 스트레스를 잘 다스리기 위해 노력하고 꾸준히 운동을 하고 한다.

우리의 꿈을 지켜내기 위해선 건강이 제일 우선이다. 건강을 잃으면 모든 것을 잃는다는 것을 나는 경험하고 나서야 깨달았다. 결국엔 나를 사랑하는 일이 우선되어야 내 꿈도 이룰 수 있다. 나에게 육체적 연약함은 긍정 마인드를 가질 수 있도록 훈련시켜 주었고, 몸과 마음을 이해하고 소중하게 대해야 한다는 걸 알게 해줬다. 선택이 아닌 필수 조건으로 시작한 운동은 내게 건강과 자존감 회복, 삶에 대한 새로운 가치를 선물해 줬다.

자신에게 주어진 소중한 인생이라는 선물에 과연 우리는 얼마나 시간과 마음을 투자하고 있는가? 각자 안에 해답이 분명 있다고 믿는다. 내 안에 있는 보물을 찾기 위해 나를 알아가는 시간과 사랑해주기를 실천해 보면 어떨까? 어떤 결과가 나올지는 아무도 모르지만, 난 설레는 마음으로 계속 가 볼 생각이다. 내 마음을 감사와 긍정으로 바꾸고 내 주변 정리를 한 것, 육체적인 나약함에 굴복하지 않고 꾸준히 운동하며 나를 지켜내려고 노력한 것은 나를 소중히 여기고 사랑하는 법을 배워 나가면서 실천한 것들이다.

이것이 나를 세상 밖으로 다시 나올 수 있게 해줬고, 새로운 꿈과 비전을 만들어줬다. 직접 경험해 보지 않았다면 알 수 없었던 변화들이었다. 무엇보다 이 모든 것의 시작은 '나를 사랑하기'로 시작된 일들이다. 타인의 시선이 머무른 곳을 바라보지 않고 내 안의 모습을 먼저 보려고 노력하며 행복해지기 시작했고, 나를 따뜻하게 아껴주는 연습으로 변화가 생겨났다. 용기를 내서 시작한 작은 도전과 실천이 있었기에 가능했다.

02 성공에도 연습이 필요하다

예전엔 침대에서 일어나는 게 쉽지 않았다. 늘 몸이 천근만근 같았다. 피곤하다고 생각했던 걸까 아니면 똑같이 반복되는 일상이라 딱히 기대감, 특별함이 없어서였을까? 어쩌면 평생, 난 아침에 일어나는 게 힘들었던 것 같다. 어릴 적 학교 가는 아침이면 늘 반수면 상태에서 등교했던 기억이 난다. 직장을 다닐 때도 아침마다 잠과 사투를 벌이면서 하루를 시작했었다. 최근까지도 딸아이 등하교 운전과 도시락을 위해 마지못해 잠에서 깼다. 자발적 의지로 일어나 시작하는 아침이 아니다 보니 늘 피곤하고 힘들었던 것 같다. 남들이 새벽기상을 한다는 말을 들으면 '난 못해! 모든 사람이 다 할 수 있는 건 아니야. 난 선천적으로 잠이 많고 저혈압이라 아침기상이 힘들 수밖에 없어.'라며 나를 위로했다. 나를 위한 정당화였던 것 같다.

그런데 최근에 알게 된 놀라운 사실은, 나는 아침에 일어나는 걸 힘들어 하지 않는다는 것이다. 언제부터였는지 곰곰이 생각해봤다. 그러다 혼자만의 시간이 필요하면서 생긴 변화라는 걸 알게됐다. 가족들을 위해 내 시간을 맞추다 보면 언제나 내 시간은 부족했다. 원하는 일을 집중해서 할 수 있는 시간이 하루 중 별로 없었다. 그런 나에게 새벽시간은 더 이상 힘든 시간이 아니라 아무에게도 방해받지 않고 집중할 수 있는 시간이었다. 신기했다. 새벽이면 저절로 눈이 번쩍 뜨였다. 그 시간은 나에게 소중하고, 삶에 행복을 주는 원동력이 되어갔다. 모두가 잠든 새벽, 뜨거운 커피 한잔을 내려 마시면서, 좋아하는 것으로 시작하는 하루는 내 삶의 질을 높였고 새로운 가치를 만들어냈다. 어느 날 문득 유튜브를 통해 캐나다 토론토대학 심리학 교수 '조던 피터슨'의 영상을 보게 됐다. 영상 중반부에 이런 내용이 나온다. "당신 침대부터 정리하라! 무슨 일을 하든지 내 잠자리조차 하나 컨트롤할 수 없다면 그 어떤 일도 제대로 할 수 없다."라는 메시지였다. 듣는 순간 소름이 돋았다. 관련 영상들과 자료들을 좀 더 찾아봤다. 미국 특수작전사령부 사령관을 지내다 퇴역 이후 모교인 텍사스대학교 총장을 지낸 윌리엄 맥레이븐(William McRaven)은 한 졸업식에서 다음과 같은 연설을 했다. "세상을 변화시키고 싶은 가요? 지금 당장 침대 정돈부터 똑바로 하세요. 매일 아침 침대 정돈을 하고 나면 그날의 첫 번째 과업을 완수하는 겁니다. 작은 뿌듯함을 통해 다음 과업을 수행할 용기를 줍니다."라며 사소한 일의 중요성을 강조했다. 또한 작은 일을 해내면 성취감을 통해 나타나는 시너지 효과를 낼 수 있다고 한다.

나는 당장 달려가 내 침대 상태를 체크했다. 뱀이 허물을 벗듯이 몸만 빠져나와 있는 내 침실은 정돈되어 있지 않았다. 그날 이후부터 매일 아침은 침대 정리로 하루를 시작한다. 하루를 내가 컨트롤할 수 있는 최상의 조건으로 만들기 위해서다. 정돈된 침대를 보는 것만으로도 기분이 좋아지고 뿌듯함이 생겨났다. 성공자의 길에는 이렇듯 좋은 습관의 반복과 연습이 필요하다는 것을 작은 실천을 통해 배우게 됐다.

생각 하나, 작은 실천 하나 바꿨을 뿐인데 아침 일상은 엄청난 변화를 가져왔다. 이제는 설레는 마음으로 아침에 눈을 뜨고, 일어나자마자 반듯하게 침대를 정리한다. 하루의 시작을 설렘과 성취감으로 시작하게 되면서 새로운 목표와 감사함이 생기기 시작했고, 나에게 주어진 하루를 소중히 여기게 됐다. 누구나 할 수 있는 그러나 모두가 하지는 않는, 나만의 좋은 습관들을 만들어 하루를 시작해 보면 어떨까?

한국을 방문할 일이 있거나 아니면 누군가 한국을 방문할 때 난 가능하면 책을 부탁해서 받는다. 그러다 보니 내 주변에 있는 친한 분들은 늘 고국 방문 후 내게 책을 선물로 사다 주거나 나에게 부탁 받은 책을 전해 준다. 해외에 나와 있다 보니 책만큼 귀한 선물이 없다. 읽고 싶은 책은 많은데 바로 읽을수 없는 상황이다 보니 늘 아쉬움이 많다. 요즘은 이북(ebook)을 많이 본다지만 난 여전히 종이책을 선호한다. 밑줄도 쫙쫙 긋고 가방이나 차에 넣어 다니면서 읽는 게 좋다. 밑줄이나 메모로 나의 흔적이 남아 있는 책은 내 생각이 고스란히 기록되어 있고 나름의 멋도 있는 것 같다.

한정된 권수의 책을 가지고 있다 보면 읽고 또 읽기를 여러 번 하게 된다. 그러다 보면 처음엔 다가오지 않던 이야기가 눈에 들어오기도 하고 깨닫지 못했던 또 다른 메시지도 얻게 된다. 20대엔 소설을 많이 좋아했다. 그 중에서 무라카미 하루키의 소설을 특히 좋아했다. 『노르웨이의 숲』은 여전히 나의 원픽 중 하나다. 대학 때 읽었던 책 중에는 1993년 출간된 김진명 소설 『무궁화 꽃이 피었습니다』에 열광했던 기억이 난다. 소설이었지만 사실에 기반한 이야기라는 것에 완전 매료되어 친구들과 엄청난 논쟁을 했던 기억이 난다. 그 외에도 톨스토이의 『사람은 무엇으로 사는가』는 내가 아끼는 책 중 하나다. 내면의 깊은 울림을 주는 이 책은 늘 내 책장에서 빛나고 있다. 요즘은 자기계발서를 많이 읽는다. 얼 나이팅게일(Earl Nightingale), 밥 프록터(Bob Proctor), 데일 카네기(Dale Carnegie), 나폴레온 힐(Napoleon Hill) 등이 쓴 고전 자기계발서를 좋아하는 편이다.

팬데믹이 시작되고, 시간이 많아지게 되면서 더 지독하게 책읽기를 시작했다. 좋아하진 않았지만 이북(ebook)을 거부할 수는 없었다. 소장 위주로 직접 책 구입을 할 때와는 다르게, 편하게 선택해서 읽는 이점이 있다 보니 다양한 신간도 부담 없이 읽게 됐다. 팬데믹으로 세상이 빠르게 변하고 있음을 느낄 수 있었다. 변하는 세상을 책을 통해, 간접적으로 나마 경험을 하면서 생각이 정리되고 내가 가고자 하는 길들이 보이기 시작했다.

책은 자신이 가지고 있는 생각과 감정을 잘 이해하게 해주고, 원하는 방향으로 이끌어 주는 나침반 같은 역할을 해준다. 그리고 내면에 깊이 자리 잡은 자아를 깨워서, 새로운 생각과 아이디어를 만들어 준다. 신정철 작가의 『메모 독서법』 중 "독서를 통해 얻은 최고의 산출물은 바로 제 인생이었어요."라는 구절에 정말 공감한다. 꾸준한 독서습관을 통해 무엇을 원하는지 찾아가는 여정은 그래서 늘 설레이는 것 같다.

나의 멘탈 트레이닝은 우연한 기회에 시작한 100일 필사 챌린지를 통해서였다. 북 클럽 멤버였던 분의 제안으로 『조성희의 뜨겁게 나를 응원한다』로 함께 100일 필사를 시작했다. 나는 매일 하루에 10분 정도의 영상을 시청한 후, 책을 필사하고 내 생각을 정리하기 시작했다. 처음에는 큰 기대없이 함께 참여한다는 마음으로 했던 것 같다. 하지만 나와의 약속이고 도전이라는 생각을 가지고 시작한 일이기에 절대 포기하지 않고 끝까지 해내겠다는 마음만은 확고했다.

매일, 100일을 거르지 않고 영상을 듣고 필사하는 일은 쉽지 않았다. 하지만 난 멈추지 않았다. 단, 하루도 미루지 않았고 정성껏 필사하고 내 마음을 들여다보는 시간도 따로 가졌다. 100일이 끝난 후 내 마음상태와 자세는 무척 달라져 있었다. 마음의 변화를 느끼게 되니 다시 한번 더 도전 해야겠다는 생각이 들었다. 이번엔 더욱 집중해서 온 마음을 다해 정성스럽게 필사했고, 마치 한권의 책 같은 나만의 보물 노트를 만들었다. 강의를 듣는 것에 그치지 않고 조정희 대표님의 말투까지 흉내 내며 따라 말하기기도 했다.

온전히 내 것으로 만들겠다는 다짐으로 200일 챌린지를 마쳤을 때, 내 마음은 긍정과 확신으로 가득 찼다. 감사와 용기로 무엇이든 할 수 있다는 자신감이 생겨났다. 매일 아침 30분씩 투자해서 길러진 200일 챌린지를 통해 난 상상한 것 그 이상을 얻었던 것 같다. 생각의 힘과 꾸준한 200일의 챌린지를 통해 다져진 마음의 근육은 내가 생각했던 것보다 훨씬 강력했다.

성공자들의 습관을 하나씩 따라 해 보면서 느낀 것이 있다. 알고 있는 것과 실천하는 것은 엄청난 차이를 만들어 낸다는 것이다. 사소해 보이는 것들을 정성스럽게 꾸준히 습관으로 해내는 힘의 중요성을 알게 됐다. 이런 과정은 어느 누구에게도 예외 없는 성공 규칙인 것 같다.

나는 내 생활 패턴변화와 원하는 것들에 집중해 나가면서 나를 바꿔

나가는 과정을 연습했다. 그 덕분에 아침 기상에 대한 거부감과 부정적인 감정을 없애고 성장해 가는 시간으로 바뀔 수 있었고, 다양한 분야의 책읽기를 통해 원하는 길을 찾아가고 있다. 긍정적인 생각과 감사 습관을 통해 삶을 대하는 자세와 마음셋이 달라졌다. 앞으로도 내가 원하는 궁극적인 목표 성취를 위해 지속적인 성공 습관을 연습해 나갈 생각이다.

많은 사람들이 성공에 대한 열망을 가지고 있지만, 성공을 이루기 위한 길은 누구에게나 쉽지 않다. 그래서 나는 실패와 실수를 반복하며 끝없이 배워가고 있다. 꿈꾸고 원하는 삶을 위해 도전을 멈추지 않을 것이다.

03 '생각하는 시간'을 통해 달라진 것들

엄마로서의 삶을 살면서 늘 부족함을 느끼고 요리와 집안일에 그다지 소질이 없었던 탓에 남들 보다 더 열심히 노력했다. 하지만 열심히 한다고 해서 잘하게 되리라는 보장은 없다. 잘 하려고 애쓰다 보면 쉽게 지치기도 한다. 나 또한 그런 일상의 반복을 겪으며 지내고 있었다. 그러던 어느 날 MKYU 김미경 대학을 통해 인스타그램 온라인 강의를 수강하게 됐다. 그 속에서 많은 분들을 알게 되고 함께 공부하고 소통하는 시간들을 가질 수 있었다. 나이와 상관없이 배움을 통해 인생을 주도적으로 살아가시는 분들의 모습은 신선한 충격으로 다가왔다. '이분들이 할 수 있다면 나도 가능하지 않을까? 나는 왜 현실을 받아들이는 것만이 최선이라고 생각했을까?' 새로운 것에 대한 궁금증이 생겨나기 시작했고, 도전해서 삶의 변화를 가져보고 싶었다. 다양한 경험과 새로운 세상을 만나게 될 걸 상상하니 설렘으로 가슴이 뛰고 기뻤다.

생각의 변화가 일어나면서 하고 싶은 일, 배우고 싶은 것들로 머릿속이 가득 채워졌다. 얼 나이팅게일의 책 『세상에서 가장 이상한 비밀』안에 담긴 인터뷰 내용이다. 한 기자가 훌륭한 의사이자 노벨 수상자인 알베르트 슈바이처 박사에게 다음과 같이 질문을 했다. "오늘 날 사람들이 지닌 가장 큰 문제는 무엇인가요?" 그는 "사람들이 생각을 하지 않는다는 것이다"라고 답변했다.

나 또한 원하는 삶이 무엇인지 생각하는 대신 매일 처리해야 하는 일들에만 집중하며 살아가고 있었다. 그러니 보니 내 삶을 주도적으로 끌고 가기 보다 현실에 순응하며 살고 있었다. 생각의 중요성을 알게 된 이후로는 주기적으로 시간을 갖고 내가 어디로 가고 있는지를 점검하고 있다. 이젠 습관처럼 일이 잘 안 풀리고 지치거나, 마음에 생각이 많아질 때면 잠시 일상의 분주함을 멈추고 혼자만의 시간을 갖는다. 정리가 될 때까지 현재의 나를 돌아보며 생각을 정리하고 방향을 결정한 다음 다시 시작한다.

그런 시간들 속에서 나의 부족한 부분들을 찾기도 하고 내가 놓치고 있는 것들을 발견하기도 한다. 특히 그 기간 동안엔 더욱 집중적으로 책을 읽는다. 책은 언제나 내가 원하는 답과 생각의 전환을 준다. 이렇듯 생각하는 시간은 나를 위한 힐링과 회복의 기회를 제공한다. 우리는 하루 중 자신에 대해 생각하는 시간을 얼마큼 가지고 있을까? 확실히 말할 수 있는 것은, 생각을 통해 내가 원하는 삶의 모습과 목표가 생기면서 나는 꾸준히 성장해 가고 있다는 것이다.

육아에서 벗어나 새롭게 제2 인생을 준비하는 온라인세상 속에서 나도 함께 성장해 나갔다. 처음엔 새로운 디지털 세상이다 보니 모든 것이 낯설고 어색했다. 투자해야 하는 시간도 만만치 않았고, 무엇보다 배우고 이해하는 속도가 MZ세대들에 비해 턱없이 부족했다. 그러나 내가 가진 무기인 '끈기'만큼은 남달랐던 것 같다. 남들 보다 적어도 2-3배의 시간과 열정을 쏟는다면 못할 것이 없다고 생각했다. 하루 5시간 이상 인스타그램 강의를 반복해서 듣고 다양한 챌린지에 참여하며 배운 덕분에 동기들 중 북미에선 1만 팔로우에 가장 먼저 도달했다. 꾸준함과 끈기가 가져다준 결과다.

'생각한 대로, 믿는 대로 된다'는 걸 증명하고 싶었다. 그래서 나만의 도전을 멈추지 않았다. 계속해서 생겨나는 의심과 불안감, '이걸로 무엇을 할 수 있을까?' 하는 막연함과 싸워 나갔다. 온라인 세상에서 결과물을 만들 수 있다는 것이 어떤 의미인지를 경험해 보지 못했기에 이 과정은 다른 누구도 아닌 나와의 전쟁이었다.

포기하지 않은 덕분에 다양한 기회가 찾아오기 시작했다. 업체 협찬,

강의 기회들이 생겨났다. '잘할 수 있을까?'라는 용기와 확신이 부족했지만, 여기서 포기한다면 다시는 기회가 안 올 수도 있기에 무조건 "YES!" 하며 도전했다. 그러고 나니 오히려 마음이 편했다. 주사위는 던져졌고 내가 해야 할 일에만 집중하면 된다는 마음으로 했다. '그래! 완벽할 필요 없어. 내가 알고 있는 걸 알려주면 되는 거야.'라고 생각을 하니 마음이 편해졌던 것 같다.

늘 강의를 하고 돌아서면 나의 한계와 부족한 부분들이 보인다. 그럴 때면 피드백을 통해 자료를 수정 보완해갔다. 새로운 것들의 흐름을 놓치지 않기 위해 특강들을 찾아 듣고, 사람들과 꾸준히 소통하다 보니 내가 성장해 가고 있었다. 그때 용기 내지 못했다면 지금의 나도 없었을 것이다. 누구에게나 처음이라는 시작점이 있기에 나도 잘해 나갈 수 있다는 용기를 스스로에게 주며 힘을 냈던 것 같다.

우리는 살면서 여러 가지 어려움에 마주하게 된다. 그중에 경제적인 어려움은 생존이 걸린 문제이자 고통을 동반한다. 나 또한 미국에서의 생활을 접고 캐나다로 옮겨오는 과정에서 경제적인 어려움을 겪었던 순간이 있었다. 물론 주위 가족의 도움을 일시적으로 받긴 했지만 근본적으로 자립을 위해 엄청나게 힘든 시간들을 보냈다. 짧은 기간이었지만 몇 개월 공백만으로도 생존 문제에 직면해야 하는 상황이 오기도 했었다. 이처럼 경제적인 문제는 누구에게나 심각한 고통을 가져다준다. 이

밖에도 틀어진 인간관계와 건강 문제는 우리들에게 엄청난 정신적, 육체적 고통을 주는 요인들이다. 이런 스트레스로 인해 감당이 어려워지면 우리의 삶은 자연스레 파괴된다.

경제적 어려움을 경험해 봤기에 늘 내 머릿속에는 미래를 준비해야 한다는 생각이 자리잡고 있었다. 그 과정에서 커리어를 유지하기 위해 다시 화장품 기획 개발 일을 시작했다. 하지만 내 삶을 윤택하고 풍요롭게 해줄 수 있는 솔루션은 되지 못했다. 토론토에서 한국, 일본과 일을 하다 보니 늘 낮과 밤이 바뀌었고 생활은 뒤죽박죽이었다. 잦은 해외 출장으로 육아와 가정에도 타격이 컸다. 2011년엔 일본에서 열린 동경화장품 박람회에 참여했다가 동일본 대지진을 겪기도 했고, 홍콩 출장에서 돌아온 새벽에 응급실로 실려 가서 맹장 수술을 받기도 했다.

그때는 그 선택이 최선이라고 생각했다. 하지만 지금 뒤돌아보면 나를 포함한 모든 가족들에게 힘든 시간들이었다. 일을 그만두려고 할 때 주위에선 많은 분들이 말렸다. 왜 멋지게 여행하며 할 수 있는 일을 그만두려 하느냐, 커리어를 포기하면 안 된다, 이해를 할 수 없다는 반응이 대부분이었다. 그러나 주변의 만류에도 난 일을 그만뒀다. 구구절절이 이유를 주변에 설명해 가면서 말이다. 그때는 뭐라고 정확히 설명할 수 없었지만 지금 생각해 보니 정신적으로나 육체적으로 내가 감당할 수준을 넘어섰던 게 아닐까 한다.

한국 여자 농구의 자랑이자 대표 멘탈 강자 김연경 선수의 인터뷰를 들은 적이 있다. 기자가 김연경 선수와 인터뷰 중 사람들이 예측하는 그녀의 진로문제를 언급했다. 그러자 김연경 선수가 아주 단호하게 이런 답변을 했다. "그건 그 사람의 생각이고 제 일은 제가 잘 생각해 보겠습니다!" 와우! 내가 이전에 일을 그만 둘 때 내 감정을 표현했던 모습과는 달라도 너무 달랐다. 보통 사람들은 남의 이야기에는 귀를 잘 기울이고 정작 자기 내면의 목소리엔 집중하지 않는다. 그래서 자신의 생각을 표현하는데 서툴다. 하지만 김연경 선수는 자신의 생각에 집중하고 삶의 주도권을 본인이 가지고 있음을 제대로 보여 줬던 것 같다. 왜 김연경 선수가 주위의 어떤 말에도 흔들리지 않는 높은 자존감을 가진 리더인지 알 수 있었다.

일을 접은 후 오랜 시간동안 내가 좋아하는 일을 찾고 있었다. 내 가슴을 뛰게 만드는 일이 무엇인지 찾고 싶어 몇 년 동안 엄청난 시간을 투자해서 다양한 공부를 했다. 새로운 걸 배우는 일은 늘 재미있다. 하지만 어떻게 하면 배운 것으로 가시적인 결과물을 만들 수 있을까는 늘 고민이었다. 그래서 배우기를 멈추고 나를 뒤돌아보는 시간을 가졌다. 내가 배워서 준비되어 있는 무기들과 장점들을 분석하고 결과물로 만들 모델들을 종이에 적어보기 시작했다.

앞만 보고 달리다 보면 그냥 지나치기 쉬운 것들이 있다. 그래서 멈추었고 정리의 시간을 가졌다. 엄청난 것들은 아니지만 지금까지 배우고 습득한 과정을 통해 성과를 만들어 내는 일에 집중해 보고 싶었다. 그런 생각하는 시간과 점검하는 과정들을 가지면서 준비한 덕분에 가고자 하는 방향을 잡아 갈 수 있었다.

"사람이 답이다."라는 말을 참 좋아한다. 사람들을 좋아하다 보니 어릴 때부터 늘 주위엔 사람이 많았다. 그러다 해외 생활하면서 나라와 지역을 여러 번 옮겨 다니게 되고 늘 새로운 사람을 만나고 헤어지는 걸 반복하면서 조금 지쳤던 것 같다. 더 이상 사람 관계에 대한 노력과 관심을 두지 않게 되었다. 그러던 어느 날 우연히 책속에서 이런 문구를 발견했다. "당신이 가장 많은 시간을 보내는 5명의 평균이 곧 당신입니다." 성공원리와 마인드 강연의 대가 짐 론의 말이다. 현재 만나고 있는 사람들을 떠올려보자. 그들과 내가 닮은 모습인가? 주변에서 늘 소통하고 있는 사람들을 보면 자신이 가고 있는 길의 방향을 볼 수 있다.

한정적으로 주어진 시간에 어떤 사람들과 만나고 싶은가? 짐 론의 말을 계기로 함께 만나는 사람에 대한 생각의 전환을 가지게 됐다. 내 주변을 좋은 사람들로 채워야 하는 이유를 알았기 때문이다. 여기서 좋은 사람이란 모두에게 다른 기준 일 수 있다. 내게 좋은 사람이란 같은 목표와 길을 걷고 있는 사람, 배우고 성장하려는 사람, 열정과 도전을 두려워하지 않는 사람, 진심으로 서로를 응원해 주는 사람, 마지막으로 닮고 싶은 사람이다.

현재 내가 이루고자 하는 목표가 분명하다면 마지막의 닮고 싶은 사람들이 내 주위에 함께 할 때 엄청난 속도의 성장을 이룰 수 있다. 내가 어떤 삶의 가치관을 가지고 있는가에 따라 5명은 달라질 수 있다. 내 주위에는 좋은 사람들이 너무 많다. 그 보석 같은 사람들과 함께하려면 역시 내가 진짜가 되어야 한다. 상대방에게 나라는 존재가 어떤 의미인지 잘 생각해 보자. 인간관계는 일방통행이 아닌 상호관계다. 내 모습을 잘 관찰할 수 있어야 좋은 사람들과 함께할 수 있다. 그렇기에 나를 뒤돌아보고 점검하는 시간들을 충분히 만들어 간다면, 좋은 사람들 속에서 반드시 성공할 수 있다고 확신한다.

생각의 전환은 내가 머무르는 안전지대를 벗어나게 하는 힘이 있다. 그래서 세상으로 나오려면 생각을 바꿔야 한다. 우리를 움직이고 성장시키는 힘은 생각으로부터 나온다고 믿는다.

04 당신이 가진 '꿈'을 현실로 만들고 싶다면

삶에 목표가 있고 없고는 엄청난 차이가 난다. 뚜렷한 목표를 설정할 경우 내가 원하는 꿈을 이룰 확률은 훨씬 높아진다. 대한민국 대표 꿈쟁이 김수영 작가는 책『멈추지 마, 다시 꿈부터 써봐』에서 "꼭 꿈이 하나일 필요가 있나요?"라는 질문을 한다. 그 문장을 읽으며 순간 놀라서 멈칫했다. '여러 개의 꿈을 가져도 되는구나!'라는 생각을 처음해본 것 같다.

그 후로 꿈을 여러 개 갖기 시작했다. 그 당시 바로 종이를 꺼내 20개의 꿈들을 구체적으로 적어 봤다. 지금 꺼내 보니 벌써 이루어진 것들도 있고 여전히 그 꿈을 이루기 위한 과정에 있는 것도 있다. 신기한 것은 각각의 꿈들을 찬찬히 들여다보면 아주 큰 하나의 꿈으로 뚜렷하게 모아져 정리가 된다는 것이다.

김수영 작가는 "오랫동안 꿈을 그리는 사람은 그 꿈을 닮아간다."라고 했다. 꿈이 분명할 때 그 꿈을 향한 목표들이 생겨나기 시작한다. 목표를 이루기 위한 실행 계획들이 만들어지고 그것들을 이루어 가다보면 꿈과 닮은 내 모습을 만나지 되지 않을까? 그녀는 콘텐츠 제작자로도 활동 중이다. 2012년 그녀가 제작한 다큐가 SBS 스페셜 〈나는 산다, 김수영의 꿈의 파노라마〉로 방영된 적이 있다. 그 다큐멘터리를 모두 봤다. 꿈을 이루기 위해 도전하는 그녀의 모습을 보면서 삶의 목표 설정이 얼마나 중요한지를 다시 한번 느낄 수 있었다.

인생의 진정한 주인공이 되고 싶다면 자신만의 꿈을 이루기 위한 목표를 분명히 세워야 한다. 나 또한 뚜렷한 꿈과 목표가 없었을 때와 지금의 모습은 많이 다르다. 첫째, 관심사가 달라지게 된다. 무엇을 하든 내가 가고자 하는 목표와 관련된 일에 누구보다 관심이 많이 생긴다. 내가 인스타그램의 새로운 기능 업데이트에 초관심을 보이거나 디지털 마케팅 정보 트렌드에 예민해지는 것처럼 말이다.

두 번째는 성공자의 모습을 모방하게 된다. 성공을 간절히 바라고 성장하려는 욕구가 그렇게 성공습관을 모방하게 만드는 것 같다.

내가 원하는 목표에 초점을 맞추다 보면 불필요한 것들은 자연히 중요하지 않게 된다. 오히려 삶이 훨씬 정리되고 심플해진다. 선택과 집중에서 오늘 이점이라고 생각한다. 쓸데없는 에너지 소모를 줄이게 되고, 성취감이 높은 것들에 집중하게 한다. 이렇게 확실한 목표 설정을 해 나가다 보면 꿈에 좀 더 가까이 다가가게 되는 것 같다.

미국 UCLA 의과대학 교수이자 UCLA 디지털 행동 센터(CDB)와 예측 테크놀로지 연구소(UCIPT) 소장, 숀 영(Sean D. Young)은 자신의 책 『무조건 달라진다』에서 꿈을 이루기 위한 중요한 방법을 다음과 같이 소개하고 있다.

"수많은 책과 일반적인 통념은 변화를 위해서 '나'를 바꿔야 한다고 주장한다. 하지만 사람마다 핵심 성격이 있고, 이는 평생 동안 쉽게 변화하지 않는다. 많은 이들이 의지력이나 동기 부여 결여를 문제 삼지만 인간은 그렇게 단순한 존재가 아니다. 지속적으로 변화를 위해 무엇보다 중요한 사실은 당신의 본래 모습을 바꿀 필요가 없다. '작은 단계로 생각하는 방법'을 익히는 것이다."라고 소개하고 있다. 기존에 알고 있던 것과 다른 연구 결과다. 우리가 목표한 꿈을 성취하기 위해 나를 바꾸려고 하니, 힘들고 좌절을 경험하는 경우가 많다. 있는 그대로의 나를 인정하고 내가 할 수 있는 작은 목표를 만들어 실천해 보자.

나 또한 무수한 많은 자기계발서를 읽으며 느낀 점은 '그래서, 나에게 적합한 실천 방법은 뭐지? 내 목표를 위해 내가 해야 할 일은 무엇이지?'라는 질문이었다. 결국은 꿈과 목표를 이루기 위해서 가장 필요한 건 실행 계획이었다. 실행 계획도 거창하면 실패할 수 있다는 것이다. 우리는 늘 계획을 너무 거창하게 세운다. 그러다 보니 매번 포기하는 선택을 하는 경우가 많다. 그런 면에서 '작은 단계로 생각하는 방법'은 목표를 성취할 수 있는 좋은 방법인 것 같다. 작은 단계 실행 계획을 통해 성취감도 높일 수 있고 꾸준함도 생겨날 수 있다. 그러다 보면 습관이 만들어지고 목표에 다가가는 선순환을 생겨나게 된다.

　나 또한 처음 시작을 아주 작은 실행 계획으로 시작했다. 누가 봐도 실천 가능한 목록이었다. 나는 실제로 3년을 목표로 작은 실행들을 꾸준히 해가고 있다. 하다 보면 목표로 하는 구체적인 실행 내용이 변하기도 하지만, 변함없이 한 방향으로 잘 성장해 가고 있음을 알 수 있다. 처음엔 좋은 글 필사 10분, 매일 책 읽기 30분, 강의 듣고 배우는 시간 30분이었다면 지금의 실천 목록은 새벽 글쓰기 1시간, 한 달에 책 4권 읽기(1년에 50권 읽기), SNS 계정 관리 및 소통, 마케터 활동하기 등으로 변하며 성장해 가고 있음을 알 수 있다. 모든 사람의 꿈과 목표는 다르다. 하지만 누구나 거쳐야 하는 과정이 있다. 이 과정을 통과해야만 원하는 걸 이룰 수 있다는 사실을 기억해야 한다. 변화는 생각만 하는 것이 아니라 실제로 행동으로 이어질 때 시작된다.

　작은 목표와 성과를 만들어 나가는 것이 얼마나 중요한지는 책 『아주 작은 목표의 힘』의 저자 고마다 미츠오도 알려주고 있다. 우리가 목표 달성에 실패하는 것은 우리의 의지나 노력, 열정이 부족하기 때문이 아니고 오히려 너무 과도한 목표설정 때문이라는 것이다. 뇌는 변화를 생존의 위협으로 느끼도록 진화되어서, 목표를 향해 변화를 꾀하는 순간, 저항과 반항을 시작하고 그 목표가 크면 클수록 격렬해진다고 한다. 이처럼 뇌의 저항과 반항을 최소화하면서 끝까지 성취해 나가려면 목표와 계획, 행동의 크기가 모두 작아야 한다고 한다.

여기서 우리가 알 수 있는 것은 의지 문제가 아니라 '잘못된 목표 설정'이라는 사실이다. 가능하지 않은 목표 설정을 했을 경우 오히려 포기라는 결과를 가져오게 된다. 우리가 꾸는 꿈을 간절히 현실로 만들고 싶다면 '목표에 도달할 수 있는 아주 작은 실천 단계의 계획'을 세우고 실천해야 한다.

"지금의 나는 내가 반복적으로 한 행동의 결과다." 아리스토텔레스(Aristoteles)의 말이다. 우리의 현재 모습을 잘 설명해 주고 있다. 우리가 무의식적으로 살아가면서 하는 행동과 습관이 지금 모습의 결과물인 것이다. 지금의 모습과 삶이 만족스러운가? 나는 만족스럽지 않았다. 그래서 삶의 습관을 바꾸고 싶었다.

습관에 관한 책 중 제임스 클리어의 『아주 작은 습관의 힘』은 기존에 내가 가지고 있던 성공 방식에 관한 생각을 바꿔버렸다. '1만 시간의 법칙'을 확실하게 믿고 있던 나에게 성공을 위해 필요한 것은 '시간'이 아닌 '횟수'며, 매일 꾸준하게 반복하는 습관이라는 사실이다.

너무나 사소해서 하찮게 느껴질 정도의 작은 반복이 우리의 삶이 되며, 아주 작은 습관으로 매일 1퍼센트씩 달라지게 되면 습관이 복리로 쌓이는 작용을 하게 된다고 말한다. 이것이 만약 성공으로 가는 경로에 있는 습관이라면 분명히 성과를 만들어 낼 수 있다고 믿는다. 그래서 나도 성공자로 가기 위한 좋은 습관을 적어보고 실천해 가고 있다. 예를 들면 일찍 잠자리에 드는 수면 습관이다. 늘 수면 부족에 시달리고 피곤한 상태로 생활하다 보니 긍정성과 효율성이 많이 떨어졌다. 못한 일들이 있더라도 새벽 일찍 일어나 좋은 컨디션으로 처리하니 훨씬 더 능률이 올랐다. 잠자리 정리하기, 기상 후 따뜻한 물 마시기, 일주일에 3회 이상 운동하기 같은 것들은 벌써 습관으로 자리 잡아 가고 있고 내 삶을 훨씬 풍성하게 만들어 주고 있다.

삶을 건강하게 하는 리스트를 만들어 꾸준히 실천해 보자. 내가 컨트롤 할 수 있는 작은 습관들을 지속적으로 해 나간다면 분명 원하는 목표와 꿈을 이루는 데 큰 힘이 되리라 생각한다.

내가 원하는 삶을 주도적으로 살기 위해 꿈을 적어가기 시작했고, 그 꿈을 현실로 만들기 위해 목표를 설정했다. 그리고 목적지를 향해 매일 작은 실천과 습관을 만들어 가고 있다. 여기서 꼭 점검하고 가야 할 것이 있다. 바로 우리가 보내고 있는 '오늘 하루'다. 하루를 어떻게 보내고 있나? 혹시 해야 할 일들 속에 묻혀 중요한 일을 지나치고 있지 않나. 이루고자 하는 것이 있다면 매일 꿈, 목표를 위한 습관과 실행이 반드시 있어야 한다.

세계적인 동기부여가이자 작가인 지그 지글러(Zig Ziglar)는 『정상에서 만납시다』에서 다음과 같이 말했다. "성공으로 가는 엘리베이터는 없다. 계단으로 한 걸음 한 걸음 올라가야 한다."

05 경험이 돈이 되기 위해 해야만 하는 3가지

우리가 잘 아는 발명왕 토머스 에디슨(Thomas Edison)이 전구를 만든 과정을 다음과 같이 언급했다. "나는 실패하지 않았다. 나는 성공하지 못하는 만 가지 방법을 발견했을 뿐이다." 이처럼 결과물이 나오기까지의 과정을 어떻게 보느냐는 어떤 결과를 만들어 내는 가와 중요한 상관관계가 있다. 따라서 과정을 바라보는 관점이 얼마나 중요한지를 알 수 있다. 이 단계를 배움과 성장해가는 과정으로 바라볼 때 비로소 원하는 바를 얻을 수 있다.

우리가 아는 실패는 사실은 다음 단계로 가기 위한 중요한 과정이다.

나 또한 지금 진행하고 있는 많은 일들에서 수도 없이 실패와 좌절을 경험했다. 500개가 넘는 인스타 포스팅을 올렸던 과정을 생각해 보면 좋은 예가 될 것 같다. 솔직히 처음 올린 인스타 피드(Feed)를 보면 도대체 무슨 생각을 가지고 올린 콘텐츠인지 알 수가 없을 정도다. 첫 3개월은 콘텐츠 제작의 개념이 없어 이것저것 다양하게 많은 것들을 업로드 했던 것 같다.

그러다가 '도대체 이것으로 무엇을 하려고 내 시간을 할애하고 있지?'라는 슬럼프가 오기도 했고, 콘텐츠 관련 책들을 찾아보고 다른 계정들을 벤치마킹하기도 했다. 시간이 쌓이고 수없이 많은 시행착오를 거쳐서 나만의 정체성과 브랜딩을 해 나갔고, 지금도 매일 그 과정을 반복 중이다. 원하는 방향을 찾지 못해 잠시 멈추기도 했지만 포기하지 않았기에 나의 가치들을 담은 채널을 갖게 됐다. 멈추었다면 그 과정은 고스란히 사라지고 실패한 도전으로 남았을 것이다. 그래서 '과정은 성장이다'.

우리가 어떤 일을 포기하는 이유는 여러 가지가 있다. 그중에서 대표적인 것이 아무리 노력을 해도 눈에 보이는 성과가 나지 않는 경우다. 만족할 만한 결과를 얻을 수 있냐는 또 다른 문제지만 결국 지속적으로 포기하지 않고 될 때까지 할 수 있는 힘이 있어야 한다. 실패가 학습과정의 필수 부분이라는 걸 알고 시작하는 것은 출발점부터 다르다. 포기할 확률이 상대적으로 낮아지기 때문이다. 안될 경우 중간에 포기를 염두에 두는 것과 아예 옵션에 넣지 않는 것은 완전히 다르다. 다른 옵션이 없기 때문에 되는 방법을 찾게 된다.

그러므로 무엇인가를 처음 시작하기 전에 우리는 더 신중할 필요가 있다. '남들이 다 하니까! 요즘은 이것이 대세'로 시작해서는 안 된다. 그랬다간 시간 낭비와 실패의 쓴맛을 보고 그만두게 되는 경우를 너무도 많이 봤다. 충분한 사전 조사를 통해 정말로 나를 위한, 내가 원하는 것을 찾는 과정이 반드시 필요하다. 그럼에도 나와 맞지 않는 경우가 생겨나기도 한다. 하지만 그런 경우라도 포기하지 말고 그 시점에서 방향 전환을 통해 길을 찾는 과정에 집중하다 보면 성과를 만들어 낼 수 있다. 실패했던 과정에서 얻은 귀한 경험의 가치가 더해지기 때문이다.

에디슨이 남긴 명언 중 좋아하는 구절이다. "인생에서 실패한 사람 중 다수는 성공을 목전에 두고도 모른 채 포기한 이들이다. 자신들이 얼마나 성공에 가까이 있었는지 모른다." 나는 이 구절을 늘 가슴에 새기고 있다. 우리는 늘 그 목전에서 멈춘다. 다양하게 겪게 되는 실패의 과정은 우리의 자산이다. 값진 경험과 스토리는 강력한 나만의 무기가 된다. 이것이 '과정의 중요성'이고 우리가 포기하지 말아야 하는 이유다.

『세이노의 가르침』 책에는 '돈이 되는 시간'에 관한 이야기가 나온다. 우리가 기존에 알고 있는 두 가지 부류의 시간은 첫째가 내가 하고 있는 행동들이 그냥 흐르는 시간이고, 둘째는 의미, 가치, 보람 있는 시간이다. 여기에 그는 부자가 되려면 돈이 되는 시간이 있어야 한다고 말한다. 우리의 삶은 시간이라는 개념으로 이루어져 있다. 시간이 돈이라고 한다면 시간은 엄청난 가치를 가지고 있다. 우리가 사용하고 있는 시간들을 자세히 들여다보자. 어떤 시간의 비중이 가장 많은가? 자기계발을 위한 '돈이 되는 시간'을 만들어 가고 있는가? 여기서 우리는 성공한 사람들과 그렇지 않은 일반인들의 차이를 발견할 수 있다.

'왜 부자들은 새벽 4시에 일어날까? 왜 미라클 모닝에 사람들이 열광하는 걸까?'를 생각해 보면 새벽 시간을 통해 만들어지는 엄청난 가치 때문이라는 사실을 알 수 있다. 나 또한 새벽 시간의 간절함이 생겨났다. 바쁜 일상 속에서 중요한 내 일에 집중할 수 있는 최고의 시간이 새벽 시간임을 경험하고 있기 때문이다. 사람마다 모두 다르지만 나에게 최고의 집중력과 효율성을 주는 시간은 새벽이다. 각자 하루 중 가장 성과를 낼 수 있는 시간을 찾아보자. 그리고 그 시간은 지금 당장 눈에 보이는 성과를 내는 시간이 아니라 미래의 나를 성공시킬 가치를 지닌 '돈이 되는 시간'으로 사용해 나가야 한다.

이전엔 편하고 고요한 하루가 행복한 삶이라 여겼던 때가 있었다. 시간의 중요성을 깨닫지 못하고 흘러 보내기만 했던 것 같다. 그러나 지금은 매순간이 소중하고 귀하다. 그래서 무의미하게 시간을 보내지 않기 위해 불필요한 만남을 줄이고 낭비하는 시간들을 찾아내서 효율적인 시간으로 바꾸는 작업을 했다. 그렇게 생겨난 시간으로 번아웃 되지 않도록 충분한 수면을 위해 일찍 잠자리에 들고 건강과 체력 관리를 위해 꾸준히 운동하는 시간으로 활용하고 있다.

나에게 돈이 되는 시간을 어떻게 사용하고 있냐고 묻는다면 독서라고 대답하고 싶다. 예전에는 한권의 책을 다 읽고 다음 책을 읽었다. 그러나 지금은 다양한 관심사의 책을 하루에 적어도 3-4권정도 부분적으로 읽고 있다. 훨씬 집중력도 좋고 재미있게 독서할 수 있는 방법인 것 같다.

이 방법은 고명환 작가의 『이 책은 돈 버는 법에 관한 이야기』에 나오는 책 읽는 법을 나에게 적용했다. 아침에 일어나서 읽을 책과 낮 동안 읽을 실용서 2-3권, 자기 전에 읽을 책을 장소를 정해 배치해 놓고 꾸준히 읽고 있다.

책을 통해서 배운다는 학습 개념보다는 다양한 세상 속 이야기의 간접 경험을 통해 통찰력을 기를 수 있다는 점이 내가 책 읽기를 좋아하는 가장 큰 이유다. 어떤 영감과 감동을 주는 글을 접하게 되면 잠시 읽기를 멈추고 하늘을 보며 생각하는 시간을 즐긴다. 이 순간이 올 때가 참 좋다. 그럴 때면 내 마음을 들여다보거나 잠깐의 시간을 내어 떠오르는 생각을 메모하기도 한다. 또 평소 고민하며 풀지 못한 대답을 얻기도 하고 때론 다양한 아이디어가 떠오르기도 한다. 한마디로 책을 읽다 보면 생각 정리가 된다. 나에게 책은 그런 존재이다. 나에게 생각의 힘과 확장을 주는 선물 같은 존재다.

저자 세이노는 돈이 되는 시간은 경제적 대가가 주어지는 노동시간만이 아니고, 지금 당장은 대가가 주어지지 않는다고 할지라도 미래에 경제적 대가가 주어지는 지식에 사용되는 시간이 해당된다고 말한다. 자기계발을 위한 시간에 집중하고 투자해야 하는 이유가 바로 여기에 있다. 누구에게나 똑같이 주어진 시간으로 돈을 버는 시간이 아닌 돈이 되는 시간에 투자해야 진정으로 하고 싶은 일을 하며 사는 삶을 만들 수 있다.

이전에 나는 생각 나는 것 먼저 아니면 급한 일을 최우선에 두고 시간 관리를 했었다. 그러나 지금은 새벽시간을 확보해서 나만의 성장, 돈이 되는 시간이 우선 순위에서 밀리지 않도록 하고 있다. 브라이언 트레이시는 "모든 것을 다하기에 시간은 충분하지 않지만 하기 위한 시간은 항상 충분하다."라고 말했다. 내가 선택한 미래의 가치에 가장 중요한 일을 우선순위에 둬야 한다. 어떤 분야를 불문하고 결국 전문가가 되어야 수익을 창출할 수 있고 성공할 수 있다. 모두에게 주어진 이 시간을 어떻게 활용할지는 우리의 선택이다.

지금은 내가 가진 지식과 정보, 경험이 돈이 되는 시대에 살고 있다. 브렌든 버처드(Brendon Burchard)의 책 『백만장자 메신저』에서도 "나의 경험이 돈이 되는 순간이 온다."라고 했다. 먼저, 지금 본인이 하고 있는 본업과 관심사, 장점 등을 적어보면 내가 어떤 가치들을 소유하고 있는

지가 보인다. 생각보다 내가 가진 지식과 정보는 다양하고 많다. 그걸 어떻게 표현해서 알릴 것인가를 고민하고 콘텐츠화하게 되면 수익화가 가능해진다.

콘텐츠의 본질은 '메시지'다. 메시지를 전달할 수 있는 방법은 다양하지만 크게 글, 사진, 영상등으로 생산해 낼 수 있다. 만들어진 콘텐츠는 입소문과 SNS를 통해 유통된다. 그다음이 수익화 과정이다. 이제는 소비자가 아니라 생산자가 되어야 한다. 사람들은 하루 종일 무수히 쏟아지는 콘텐츠 속에서 살아가고 있다. 그 속에서 살아 남기 위해서는 나만의 가치를 담은 좋은 콘텐츠를 만들어 낼 수 있어야 한다. 그런 퀄리티 있는 콘텐츠를 생산하기 위해서는 내가 가진 무기를 찾고 전문가가 될 수 있도록 지속적으로 시간을 투자해서 개발해 나가는 과정을 거쳐야 한다. 한순간에 되는 일은 없다.

이렇게 포기하지 않고 실패를 거듭하면서 배운 경험들은 엄청난 가치를 생산해 낸다. 남들과 다른 색깔을 가진 자신만의 스토리는 강력한 무기가 될 수 있다. 여기에 마케팅 한 스푼을 더해서 세상에 나올 수 있다면 그것이 바로 나의 수익 창고가 되는 것이다. 쉽지 않다고 말하지만 나는 그 과정들을 거치며 수익화를 만들어 가고 있다. 각자 원하는 뚜렷한 삶의 비전을 생생하게 그려내고 나만의 키워드를 찾아내는 일부터 시작해보자. 꿈이 현실이 되고 돈이 되는 나만의 방정식은 이것부터가 시작이다.

우리가 기억할 것은 핵심 3가지다. 내가 가고자 선택한 일을 포기하지 않고 꾸준히 해 나가기, 돈이 되는 시간을 통해 꾸준한 자기 계발에 집중하기, 그리고 나만의 가치를 담은 콘텐츠 제작하기! 앞으로 새롭게 경험할 또다른 기회를 생각하니 설레고 궁금하다.

06 두렵지만 첫 발을 내딛어야 하는 이유

이루고 싶은 꿈이 있나? 나는 늘 마음속에 숨겨두었던 나만의 꿈들이 있었다. 하지만 현실에서 우리들은 다른 모습으로 살아간다. 늘 망설이다 기회를 놓치는 게 아니라 시작을 못했던 경험은 누구나 가지고 있다. 나 또한 그랬다. 생각은 많은데 자고 나면 용기가 생기지 않아 다시 마음을 접었던 때가 한두 번이 아니다. 시작할 엄두가 나지 않았던 이면에는 평온한 일상의 루틴을 깨기 싫었던 나의 게으름과 나태함도 한몫했을 것이다. 그렇게 미루던 일들을 전 세계를 강타한 팬데믹이 오면서 시작하게 됐다.

내리지 못한 결단을 외부 상황과 여건에 의해 기회를 잡긴 했지만, 사실은 이루도 싶은 꿈이 있었기에 결단할 수 있었다. 단순하게 '무조건 시작하자.'라고 마음을 먹었다. 하지 못할 이유들을 찾던 내게 더 이상의 핑곗거리가 존재하지 않았기 때문이다. 하지만 처음부터 너무 서두르지는 않았다. 무리하게 계획하지 않았다. 충분한 시간을 갖고 내 속도에 맞추자고 생각했다.

시작 시점에서 내가 한일은 내가 원하는 삶과 꿈꾸었던 일들을 생각나는 대로 적어보는 것이었다. 생각이 떠오를 때마다 계속 리스트를 업데이트해 나갔다. 책을 읽다 가도, 영상을 보다 가도, 잠자리에 누웠다가 생각이 나면 메모장에 적고 또 적었다. 어느 시점이 지나다 보니 큰 카테고리가 보이기 시작했던 것 같다.

꿈 지도의 핵심 키워드를 중심으로 작은 실천 목표들을 세워가는 과정에 유용하게 사용할 수 있는 '만다라트'라는 툴이 있다. 만다라트(Manda-Art)는 'manda+la(목표를 달성하다)'와 art(기술)의 합성어로 목표를 달성하는 기술을 의미한다. 일본 8구단 꼴찌였던 오타니 쇼헤이가 단순한 반복 훈련이 아닌 만다라트 계획표를 통해 큰 성공과 목표 달성을 이룬 이야기가 알려지면서 유명해진 툴이다. 가로 9칸, 세로 9칸(9X9) 사각형을 만들고, 맨 가운데 사각형에 최종 목표를 적는다. 둘러싼 8칸에 목표를 이루기 위한 핵심 키워드를 쓴다. 그리고 8개 핵심 키워드를 중심으로 각각의 세부 실행 방법을 확장시켜 작성하면 된다. 이 표는 굉장히 간단하고 직관적이다.

신기한 것은 심플해 보이는 이 표를 채우다 보면 내가 가지고 있던 생각의 한계와 마주하게 된다는 사실이다. 막연할 수 있는 꿈의 실체가 이 칸들을 채우다 보면 구체화되고 실제적인 액션 플랜들을 만들게 된다. 또한 원하는 목표와 꿈은 있는데 성취하기 위한 구체적인 실행 계획은 세우지 않고 있다는 사실을 발견하게 된다. 이 표를 채우는 것 만으로도 목표에 다가갈 엄청난 생각의 확장이 이루어지는 것을 경험하게 된다.

막연했던 꿈이 실체를 드러내고 내가 해야 할 일들이 구체화되면서 마음속에 가지고 있던 두려움도 사라지기 시작했다. 오히려 마음속에 설렘과 기대감이 생겨나기 시작했다. 꿈과 목표를 쓰고 또 실천 목록을 명확히 한 것이 두려움에서 벗어나 꿈을 향해 갈수 있었던 핵심 비결이었다.

만다라트를 사용하기 전에도 다양한 방식의 루틴과 실천 계획 툴을 활용해 봤었다. 매일 To Do 리스트를 만들어 실행도 해보고, 마인드맵, 노션 등을 사용해 실행 프로세스를 만들기도 했었다. 어떤 방식을 선택하든지 자기에게 맞는 것을 활용해서 매일 실천해 가는 것이 중요하다.

꾸준한 실행을 하다 보면 뜻하지 않은 좋은 기회들도 만나게 된다. 나에게 인스타그램은 그런 기회를 만들어 줬고 세상과 연결하는 통로를 열어줬다. 전 세계 다양한 사람과 소통할 수 있었고, 색다른 경험의 기회도 접할 수 있었다. 최근엔 한국 SBS 공영방송 작가님으로부터 연락을 받았다. 전 세계에 흩어져 생활하고 있는 디지털 노마드의 삶과 일상을 다룬 다큐멘터리를 준비하면서 내 인스타를 보고 연락을 주셨다. 3년이란 시간을 통해 꾸준히 나라는 사람에 대한 정체성을 알려 나가는 일을 한 덕분인 것 같다. 작가님께 나에 대한 추가 설명이 필요치 않았다. 그곳에 고스란히 내 삶의 모습이 들어나 있기 때문이다.

설렘 반 걱정 반으로 'YES' 답변을 드리고 인터뷰와 영상준비를 했다. 바쁜 일로 DM(Direct Message)를 뒤늦게 확인해서 합류하다 보니 주어진 시간이 넉넉지 않았다. 예전 같으면 엄두도 못 냈을 것이다. 촉박한 시간 안에 해보지 않은 일을 사전에 충분한 준비 없이 진행하는 성향이 아니다. 엄청난 스트레스를 감당해야 한다는 사실에 잠시 생각이 많아졌지만 내가 결단한 대로 그냥 해보자는 용기를 냈다.

내 상황을 알고 시간을 내준 고마운 친구 덕분에 촬영을 할 수 있었다. 야외에서 유튜브 형식의 가로 영상은 찍어 본적이 없던 터라 고전을 했다. '진작 유튜브 시작했어야 했는데….' 하는 아쉬움이 또 한 번 머리를 스치고 지나갔다. 토론토 다운타운의 쌀쌀한 바람을 맞으며 우리는 색다른 경험을 하는 시간을 보냈다. 부족한 영상이지만 작가님께 보내 드리며 여러 생각이 들었다. 단 며칠 동안 일어난 단편적인 일로 인해 나는 새로운 경험을 했고 이 기회를 계기로 미루던 일을 꼭 시작하자는 결단과 계획을 세우게 됐다.

'아, 이래서 망설이지 말고 도전해 보라고 하는구나!'

매일 접하게 되는 크고 작은 일들의 선택 권한은 우리에게 있다. 매순간의 선택들이 모여 우리의 삶을 만들어간다. 선택이라는 단어가 주는 의미가 무게로 느껴진다. 어떤 일을 선택할 당시의 두려움보다 이루어냈을 때의 성취감을 지속적으로 경험해 간다면 선택이 더 한결 가벼워지지 않을까? 경험을 통해 성장 마인드가 생기면, 도전하는 선택이 성공으로 가는 기회라는 걸 알게 되는 것 같다.

캐나다에 살면서 커넥션도 없는 한국의 공중파 방송국에서 연락이 올지 상상이나 했겠는 가. 어떤 연결이 앞으로도 이루어질지는 아무도 모른다. 하지만 가고자 하는 방향만 분명하다면 다양한 기회들이 생겨날 거라 믿는다.

누구나 한 번쯤 자신의 책을 쓰고 싶어 한다. 죽기 전에 꼭 한 권의 책을 내고 싶다고 모두들 말한다. 자신의 인생스토리를 책으로 쓰면 10권도 넘는다고 말하는 사람들도 많다. 그러나 우리들의 주변에 정착 책을 내는 사람을 만나긴 쉽지 않다. 아니 찾기 힘들다. 작가들도 많고 책도 계속 쏟아져 나오는 것 같지만 정착 책 쓰기를 실행하는 사람들은 주위에 흔하지 않다. 나 또한 남들처럼 막연하게 버킷리스트로 '책 출간한 작가되기.'라고 오래전부터 적어만 놓았었다.

그렇게 될 거라고 믿지 않았다. 대부분의 사람처럼 희망 사항 정도였다.

꿈 사이즈가 너무 크면 도전할 엄두를 내기 힘들다. 책 쓰기가 나에겐 그런 크기였던 것 같다. 그런데 이 생각을 바꾸게 된 계기가 있었다. 북미에 있는 분들과 전자책 출간할 기회가 생긴 것이다. 책 쓰기는 너무 꿈 같아서 전자책 쓰기 강의를 들었다. 함께 모여 자료를 만들고 전자책 출간까지 모두 우리들의 손을 거쳐 만들어졌다. 그 과정을 경험하고 나니 진짜 책을 쓰고 싶다는 마음이 간절해졌다. 혼자서는 자신이 없지만 함께 하는 분들이 있다면 배우면서 도전해보고 싶다는 생각이 들었고 기회가 오자 잡았다.

작은 목표의 성취로 두려움이 설렘으로 바뀐 것이다. 일단 도전해서 해보는 게 답인 것 같다. 완벽한 타이밍은 없다. 용기를 내는 때가 바로 그때다. 나는 지금 이렇게 책을 쓰고 있다. 책 쓰기의 경험을 통해 많은 걸 배우며 성장하고 있다.

시작하지 않았다면 절대 배울 수 없는 것들을 실전에서 경험하며 또 다른 성과물을 만들어 내며 성장해 가고 있다!

책 쓰기를 시작하면서 내 생활 루틴이 많이 변하고 있다. 집중할 수 있는 시간이 필요해 지면서 효율적인 시간 사용에 대한 고민을 하게 됐다. 이전에는 생각해 보지 못했던 부분이다. 무엇인가를 새롭게 시작하게 되면서 부수적으로 깨닫고 성장하는 부분들이 생겨나는 것 같다. 이렇듯 도전은 새로운 생각을 창출해 낸다.

글쓰기를 통해 알게된 놀라운 일들이 있다. 하루 중 매일 발생하는 일들이 있어도 내 생각을 글로 정리하지 않았을 때는 바람처럼 흩어져 버렸다. 하지만 이렇게 글을 쓰다 보니 나를 제대로 깊게 들여다보게 되고 삶을 뒤돌아보게 된다. 글쓰기의 놀라운 장점인 것 같다. 아직 습관을 들이는 과정이지만 이 책을 쓰고 난 후에도 글쓰기를 계속 이어가고 싶다. 나를 계속 발견해 가고 싶기 때문이다.

어떤 글이라도 좋으니 시간을 정해서 꾸준히 쓰는 습관을 꼭 제안하고 싶다. 다른 사람들의 생각과 반응에는 예민하면서 정착 나라는 존재에 대한 관심과 생각에는 집중하지 않았다. 그러나 글쓰기는 머릿속에 떠도는 생각을 정리하고 나에게 집중하며 나를 들여다볼 시간을 갖게 한다. 그런 의미에서 글쓰기는 나에게 특별한 선물이다. '도전'을 통해 또다른 새로운 꿈을 꾸고 있다.

두려움과 설렘은 언제나 함께하는 감정이었다. 그런데 나는 왜 항상 이 두 감정을 다르게 받아들였을까? 두려움은 위협으로 받아들이고, 설렘은 기회로 받아들였다. 막연한 두려움 때문에 자신의 가능성을 제한하고 많은 기회를 놓친 것은 아닐까. 두려움이 함께하지만 '무조건 해보기'라는 용기로 무작정 달렸다. 결국, 두려움과 설렘은 함께하는 감정이지만, 우리는 그 중 하나를 선택할 수 있다는 것이다. 두려움을 선택하면 우리는 머뭇거리고 기회를 놓치게 되지만, 설렘을 선택하면 우리는 새로운 가능성과 경험을 얻게 된다. 나와 같은 지점에 서있는 여러분들은 무

엇을 선택할 것인가? 나는 두렵지만 설레는 일을 위해 달려 나갈 생각이
다.

07 디지털 노마드로 살아간다 in 캐나다

팬데믹으로 세상은 달라졌다. 한 번 가속화되어 버린 시스템과 환경은 진통을 겪어내며 빠르게 바뀌었다. 이전으로 되돌아가는 일은 없을 것이다. 혼란스럽지만 변화된 환경에 적응하지 않으면 생존하기 힘들다. 기존의 페러다임에 사로 잡혀 있지 않고 변화를 받아들여야 생존과 성장할 수 있다.

이런 변화는 늘 누군가에게는 도약과 성공을 가져다준다. 현재 일어나고 있는 상황을 어떻게 바라볼 것인가의 관점에서 차이가 나타난다. 나또한 그런 한 사람에 속했다. 나는 이 시기를 새로운 시작의 기회로 만들 수 있다고 생각했다.

그리고 현재 많은 것들에 도전해 가고 있다. 새로운 경험과 선택을 통해 다양하게 배우며, 나의 정체성을 찾고 나만의 페르소나를 만들어 가고 있다.

현재 디지털 노마드의 삶을 선택해서 살아가고 있다. 시간과 장소에 구해 받지 않고 자유롭게 일할 수 있어 좋다. 상황에 상관없이 언제 어디서든 컴퓨터와 핸드폰만 있으면 일이 가능하다는 점도 매력적이다. 형식과 틀에 구속되지 않는다는 것은 엄청난 자유로움을 준다.

디지털 노마드로 살아가는 데 꼭 필요한 것이 '퍼스널 브랜딩'이다. 퍼스널 브랜딩의 핵심은 자기 자신에 대한 이해다. 내가 어떤 생각과 가치를 가지고 살아가는 사람인지를 명확히 아는 것이다. 내가 추구하는 나만의 아이덴티티를 찾아내고 그걸 키워드로 정리해서 한 문장으로 표현할 수 있어야 나만의 퍼스널 브랜딩을 할 수 있다. 남과 다른 분명한 차별점이 있어야 한다. 그래야 경쟁력이 생긴다.

나를 알려면 내가 속해 있는 커뮤니티와 주변 사람들을 보면 객관적으로 알 수 있다. 그런 점에서 나는 주변에 좋은 분들이 참 많다. 토론토에서 일상을 스스럼없이 나누고 운동도 함께하는 동갑내기 삼총사, 나이는 제각각 다르지만 늘 서로를 위해 진심으로 기도하고 따뜻한 관계를 맺고 있는 오랜 신앙 친구 3인방, 개인적으로 깊은 인연을 이어가는 인생의 동반자 같은 친구들도 있다. 그리고 일로 인연을 맺은 소중한 사람들도 있어 늘 든든하고 감사하다.

함께 인연을 맺은 사람들에게 내가 줄 수 있는 건 '진심'인 거 같다. 내가 생각하는 관계의 가치다. 서로를 인정하는 배려도 중요하지만 역시 진짜가 아니면 가치가 없다고 생각한다. 사람의 관계는 상대적이라 모두와 함께 갈 수는 없다. 그래서 자기의 모습을 닮은 사람들과 함께 관계를 맺고 살아가게 되는 것 같다. 여기서 나의 키워드는 #진심. 이것이 내가 중요하게 생각하며 살아가는 핵심 가치이기에 퍼스널 브랜딩을 이루는 핵심 키워드 중의 하나가 된다. 나의 정체성을 표현하는 단어이기 때문이다.

캐나다에도 자기계발과 성장을 해 나가시는 분들이 많다. 팬데믹 기간 동안 온라인으로만 소통을 하던 우리는 세상이 열리자 모두 오프라인으로 나와 모임을 시작했다. 이전에 직접 만나 본적은 없지만 SNS를 통해 진심으로 소통했기에 만나자마자 바로 친구가 될 수 있었다. 이렇게 만난 분들과 새로운 시너지를 만들어 내기 위해 좋은 관계를 만들어 가고 있다. 그중 하나가 현재 활발하게 진행되고 있는 토론토 북클럽 모임이다. 이 모임을 통해 좋은 책도 읽고, 강의를 마련해서 배우면서 각자의 커리어를 성장시켜 나가고 있다.

각자가 가진 다양한 재능과 능력을 공유하고 나누면서 함께 성장해 갈 수 있어 좋다. 나는 배우며 성장하는 것을 좋아하고 추구하는 사람이다.

여기서 나의 키워드가 생겨난다. #성장. 이것이 내가 추구하는 내 삶의 가치이자 키워드가 된다. 이렇게 끝없이 질문하다 보면 나를 알아가는 과정을 거치게 되고 나만의 아이덴티티를 찾아 낼 수 있다. 자신이 가진 가치관과 장점을 찾아내고, 색깔을 입혀내는 것이 퍼스널 브랜딩이다.

퍼스널 브랜딩이 제대로 자리를 잡기 위해서는 일괄성과 지속성이 무엇보다 중요하다. 정확한 나만의 페르소나를 보여 주면서 무엇을 전달하고자 하는지 알 수 있어야 한다. 그리고 지속적으로 메시지와 노출을 통해 알려 나가는 일을 해야 한다. 소통하며 표현할 수 있는 매체는 다양하다. 대표적인 것이 책이나 자신이 가지고 있는 SNS 채널이다. 나의 경우엔 북미 디지털 튜터들과 함께 디지털 세상에서 도움이 필요한 분들을 위해 전자책을 출간했다. 그리고 디지털 노마드의 삶을 꿈꾸며 성장해 가는 모습을 인스타그램으로 퍼스널 브랜딩 해가고 있다.

나는 현재 캐나다 토론토에서 소상공인들을 위한 마케터 일도 하고 있다. 현장에서 치열하게 살아가는 다양한 분들을 만나게 된다. SNS 마케팅을 통해 비즈니스의 성장과 홍보를 돕고 싶다. 사람들에게 SNS 마케팅이란 용어가 생소할 수 있다. 나 또한 화장품 회사에서 마케팅 팀 산하 제품 기획, 개발 일을 오랫동안 오프라인에서만 했기에 온라인 시장이 생소했다. 그래서 다양한 온라인 강의를 신청해서 듣고 배웠다. 처음 1-2년은 하루에 족히 5시간 이상은 투자했던 것 같다. 그 덕분에 현재 디지털 마케터로 커리어를 이어가고 있다. 오프라인과 온라인 세상은 완전 다른 세상이다. 두 쪽 모두 장단점이 분명 존재하지만 현재의 대세는 단연 온라인 마케팅 쪽이다. 가장 큰 장점은 적은 비용으로 누구나 자신들의 비즈니스와 가치를 홍보하고 광고할 수 있다는 것이다. 단, 온라인 세상은 하루가 멀다 하고 빠르게 변하기 때문에 끊임없이 배워야 한다.

의뢰가 오면 강의도 한다. 상황에 따라 온라인 하거나 오프라인으로 진행하기도 한다. 토론토 한인 여성회의 경우는 작년에 이어 올해에도 소상공인들을 위한 '창업 지원 교실'에서 디지털 마케팅 강의를 오프라인으로 했다. 팬데믹 이후 온라인 세상으로 빠르게 바뀌면서 상대적으로 영세한 비즈니스 사장님들의 고민도 깊어지고 있다. 언제 팬데믹 같은 상황이 다시 올지 아무도 모른다. 미래에 대한 준비가 필요하다 보니 온라인 디지털 마케팅에 대한 관심도 뜨겁다. 조금이라도 도움이 되길 바라는 마음으로 참여하고 있다.

이처럼 강사로 마케터로 살아가는 일은 디지털 노마드를 추구하는 나의 삶 방향과 일치한다. 예전에 회사를 다닐 때는 하루 종일 묶여 있어야 했었다. 원하는 일을 했어도 시간과 장소에서 자유롭지 못했다. 하지만 지금은 그런 틀에서 벗어나 집중할 수 있는 환경과 시간을 선택할 수 있다. 그러다 보니 오히려 일이 더 즐겁고 능률이 오른다. 강의를 하는 부분에서 많은 변화가 있다. 신제품 개발자로 예전엔 신제품 출시 런칭쇼 및 제품 교육 강의를 위해 전국 다니며 강의를 했어야 했다. 돈과 시간 투자가 많이 들었다. 하지만 이제는 온라인 발달로 다양한 옵션이 생겨났다. 불필요한 요소들이 많이 제거되었고 상황에 따라 선택의 폭이 넓어져서 내가 가능한 여건에서 결정권을 가질 수 있게 됐다.

내가 꿈꾸는 디지털 노마드 삶이란 어떤 모습인지 지금도 매일 질문한다. '백현희란 사람이 만들어 가는 퍼스널 브랜드의 가치를 통해 디지털 노마드 삶을 이룰 수 있을까?'라는 고민은 나를 괴롭히기도 하고 설레게 만들기도 한다. 누구나 자신을 알아가고 발견해 가는 과정 중 부딪히는 벽과 난관을 만나게 된다. 그럴 때마다 나는 나에게 늘 이렇게 말한다. "내 중심을 잃지 말고 나에게 집중하자."라고. 내가 내 삶의 주도권을 가질 수 있어야 한다는 사실을 여러 경험을 통해서 배웠기 때문이다.

성공자들은 절대 본인들의 시간을 원하지 않는 사람들과 보내지 않는다고 한다. 시간의 중요성을 아는 그들은 주위에 늘 좋은 사람들을 선택해서 가치를 나누는 일을 가장 중요한 일 중에 하나로 여기고 있다. 시간 낭비 죄에 빠지지 않으려면 내가 누리고 있는 시간의 소중함을 다시 한번 생각해 볼 필요가 있는 것 같다. 내가 집중해서 사용하는 시간이 내 미래를 결정하기 때문이다.

좋아하는 일을 하며 선한 영향력을 주는 디지털 노마드로 살아가는 것이 나의 목표다. 좋은 콘텐츠를 만들어 진정성 있는 가치를 나누고, 완전한 시간적, 경제적 자유를 누리는 삶을 살아가고 싶다. 조급함을 가지거나 남과 비교하는 순간 내 정체성의 가치를 잃게 된다. 그래서 주위에 휘둘리지 않기 위해 노력하고 있다. 가는 길에 부족한 건 채워 가면 되지만 잘못된 목표와 방향 설정은 되돌리기 힘들다. 거북이처럼 흔들리지 않고 내가 정한 목표를 향해 더디게 가더라도 한 스텝을 신중하게 점검하며 단단히 가고 싶다. 가슴 설레는 모두의 여정을 응원한다. 그 길옆에 나도 끝없는 도전과 변화를 선택하며 달리고 있을 것이다.

변화를 선택한 당돌한 여자 희야는 디지털 노마드로 살아간다 캐나다에서….

성공을
꿈꾸는
美친
여자들의
반란

5장

용감하고
자유로운
여자

그림 그리는 힐링 작가,
행복을 그리다

- 기고은 -

01 그림 그리는 힐링 작가, 행복을 그리다

"안녕하세요, 힐링 그림 작가, 그림 그리는 세실리아입니다.

○○님 어서 오세요~☆☆님도 반가워요~!

오늘은 행복 몰아주기 프로젝트 두 번째 날~!! 주인공은 ○○님.

○○님이 좋아하신다는 꽃, 튤립을 그려볼게요~!

튤립의 꽃말은 사랑의 고백, 매혹, 영원한 애정이랍니다."

매일 오후 4시, 인스타그램에서 그림을 그리며 소통하는 그림 라이브 방송을 시작했다. 라이브방송은 실시간 영상으로 시청할 수 있으며 들어

오시는 분들과 댓글로 소통을 할 수 있다. 어느 날은 만화 주제가를 틀고 어릴 적 자주 보았던 만화 캐릭터를 펜으로 그린다. 그리고 또 어느 날은 추억이 담긴 사진 속 풍경을 수채화 물감으로 그려내며 함께 추억을 나눈다. 그러다 문득 그림을 그리며 행복함이 깃들어 있는 나를 발견했다. '내가 그린 그림이 누군가에게 기쁨이 되면 좋겠다.'는 생각이 들었다. 꽃 그림을 매일 그려 선물하는 행복프로젝트는 이렇게 시작하게 된 것이다.

예전에 그림 작가분들의 라이브방송을 들어갔던 적이 있다. 감미로운 음악이 흐르고, 차분한 목소리로 소곤소곤 속삭이듯이 이야기를 한다. 작가의 하얀 손이 살포시 도화지 위에 올라오고 손이 움직이는 곳마다 쓱쓱 새로운 그림세상이 무한대로 펼쳐진다. 바로 그 모습이다! 내가 보고 느꼈던 그림 라이브방송은 그랬다. 그렇게 그림 그리고 차분히 소통하는 나를 상상하며 첫 라이브방송 버튼을 눌렀다. '시이작~!' 그. 런. 데…!

상상 속에서 우아했던 나의 그림 라이브방송은 '우당탕 쿵쾅' 라이브방송이 되었다. 이전 그림 작가님처럼 똑같이 감미로운 음악으로 시작하였지만, '우당탕 쿵쾅! 좌충우돌! 육아 인생극장'으로 끝마쳤다. 한 번도 아닌, 매 회.

코로나로 인해 학교에 갈 수 없었던 아이들은 서로 잘 놀다가도 한 번씩 전쟁을 치르고는 했다.

"엄마~~~!! 형아가~ 게임 시켜준다고 해놓고 안 해줘~!"

"엄마~~~!! 누나가! 나 때렸어~!! 으악!!!"이라고 말하며 달려오는 막둥이!

문을 벌컥 열고 들어와 엄마를 찾는 소리에 한두 번 놀란 것이 아니다. '으씨… 정말 요 녀석들이!!!' 라이브방송에 나를 만나러 들어와 주시는 분들은 함께 화들짝 놀랐다가도 사람 사는 것이 다 똑같다며, 아이들 키울 때는 다 그런 거라고 위로해주시고 공감해주셨다. 그렇다. 나는 우당탕 쿵쾅! 하루도 조용할 날 없는 삼 남매의 엄마다.

준비하지도 않았고, 기다리지도 않았던 코로나 시대…. 그 암울한 시대에 그림으로 따뜻한 위로를 전하고 싶었다. 비록 가본 길도 아니고, 돈도 인맥도 없는 경력이 단절된 나였지만, 잃어버렸던 꿈을 다시 찾고, 이루어가는 이야기가 너무도 하고 싶었던 것이다. 내가 한다면 너도 할 수 있다고, 어렸을 적 꿈을 다시 꺼내어보라고!

처음에는 나의 작은 그림으로 위로받는 사람이 생길 것이라 생각하고 시작했던 그림 라이브방송이었다.

하지만 오히려 회가 거듭될수록 위로를 받는 쪽은 시청자가 아닌 바로 '나' 자신이었다. 그림을 그리며 나의 어릴 적 가난했던 시절을 이야기하고, 세 아이를 키우며 울고 웃었던 이야기를 나눌 때면 이렇게 격려를 해주셨다.

"나도 그랬던 시절이 있었어요. 매우 어려웠죠. 어려운 시절 지내오느라 많이 힘들었겠네요. 토닥토닥~!! 응원해요!"

어린 시절, 그림 그리기를 참 좋아했다. 조화롭게 하나씩 색을 찾아가며 칠하는 것도 흥미로웠고, 온종일 해도 질리지 않았다. 색칠공부 책 안에 그려져 있는 여자 사람, 맛있는 음식, 예쁜 소품 그림들을 사인펜으로 진하게 테두리를 그은 뒤 색연필로 꼼꼼하게 칠하면 마음이 꽉 차오르고 안정감이 들었다.

그림 동화책도 참 좋아했는데 동화책 안에 그려져 있는 삽화를 따라 그리다 보면 시간 가는 줄을 몰랐다. 처음에는 따라서 그리는 그림이 똑같을 리가 없다. 너무나 당연한 건데 그 때는 그렇게 속상할 수가 없었다. 똑같이 보일 때까지 반복해서 따라 그렸더랬다. 가정형편이 어려웠지만, 색칠공부 책과 색연필, 그림책은 항상 가까이에 있었다. 부모님께 참 감사한 일이다.

중학교 2학년, 문 손잡이를 똑같이 그려가야 하는 미술 실기 과제가 있었다. 슈퍼집 딸이었던 난 슈퍼에 딸린 작은 방의 문을 열어놓고 상을 펴고 앉아 문손잡이가 뚫어질세라 한참을 쳐다보았다. 미술학원에 다녀본 적이 없어 어떻게 그려낼지 몰라 난감했지만, 그동안 그림 동화책의 삽화를 따라 그렸던 경험을 살려 '연필로 똑같이 그려내리라~!'라는 생각으로 문 손잡이를 째려보았다. 빛나는 부분, 어두운 부분을 보이는 대로 묘사하기 시작하여서 연필을 잡은 지 4시간 만에 완성하였다.

다음날, 학교 교실에 들어서니 한 친구의 주변에 아이들이 몰려 있었다.

"와~ 진짜 잘 그렸다~!"
"응, 우리 아빠가 엄청나게 그림을 잘 그리거든~ 아빠가 그려줬어~."

아빠가 대신 미술 과제를 해주었다던 친구의 그림은 정말 멋져 보였다. 하지만 한편으로는 억울한 마음도 들었다. 드디어 실기 과제 평가시간이 되었다. 선생님이 그림을 하나하나 보시며 그중에 몇 장을 골라 칠판에 붙이셨다. 그런데, 내가 그린 그림을 붙이시는 게 아닌가? 그리고는 이렇게 말씀하셨다. "와~ 고은아, 손잡이를 여기에 똑! 따다 놓은 것 같네~?" 선생님의 말씀에 아이들의 시선이 곧바로 나에게 고정되었다. 가슴이 벌렁거렸다.

그 후 미술 시간은 수업 중 가장 기다리는 시간이 되었다. 실기 과제가 있을 때마다 "역시, 넌 이쪽에 소질이 있어!"라는 미술 과목 담당, 담임 선생님의 한마디는 진로에 큰 영향을 주었다. 예술고를 진학한 뒤 미대를 가고 싶었지만 어려운 가정형편에 일반고를 진학했다. 딸의 간곡한 부탁에 미술 학원비를 지인에게 빌려 학원에 보내주셨지만, 학원을 다녔던 행복한 시절은 고등학교 2학년, 딱 10개월뿐이었다. 부모님은 예고 없는 IMF 경제 위기 상황으로 딸의 꿈을 끝까지 지원해주실 수 없었던 것이다.

많은 가장들이 퇴직을 당했고 많은 사업장들이 문을 닫았다. 꿈 많던 나의 열여덟도 그렇게 꿈을 접게 되었다. 무척 아팠다. 그림공부를 그만 두는 선택은 내가 한 것인데도 부모님의 가난이 원망스러웠다. 그 이후 로 내내 미대 진학의 꿈, 화가의 꿈은 내 마음속 깊숙이 묻어놓고 살았 다. 떠올리면 아팠기에 철저히 외면했다. 다른 길도 괜찮다고….

아이들을 좋아하는 난 보육교사가 되었고 결혼 후에도 두 아이를 데리 고 어린이집 운영을 하며 참 바쁘게 지냈다. 셋째 아이를 낳고 무리하게 일하던 어느 날, 허리를 심하게 다쳐 병원에 입원하게 되었고 어린이집 운영을 중단하는 과정에서 관계적인 어려움마저 겪게 되었다. 신체적, 정신적인 어려움을 한꺼번에 감당하던 나는 결국 우울증과 공황장애를 겪으며 내 아이도 돌보지 못하는 지경에 이르게 되었다.

가족들의 도움으로 가까스로 건강을 회복하여 다시 손에 잡히는 대로 배우고 익히기 시작했다. 무엇이든 이뤄내고자 했지만 삼 남매는 어렸 고, 자꾸만 엎어지는 상황에 또다시 주저앉는 날들이 반복되었다.

그때 나를 살린 건 다름 아닌 '아, 다시 그림을 그리고 싶다.'라는 간절 한 바람! 깊숙이 구겨 넣어두고 외면했던 나의 어릴 적 '꿈'이다. 따뜻한 색연필 그림책을 한 권 덜컥 샀다. 한참을 들여다보기만 하다가 큰마음 먹고 72색 색연필을 구매했다. '오래 기다렸어. 이제 함께하자!'라고 속삭이는 듯했다. 슥슥슥, 사각사각~! 쉽지 않았지만, 차분히 흰 도화지를 채우기 시작했다. 텅 빈 곳에 선이 생기고, 면이 생기고, 색을 입힐 때마다 입체감이 살아나며 먹음직스러운 케이크 한 조각이 튀어나왔다. 또 하나의 체리가 생겨났다. 행복감이 밀려왔다.

'나, 할 수 있구나~!!' 신나는 마음에 그린 그림을 핸드폰으로 찍어 SNS에 한 장씩 올리기 시작했다. 내 그림을 좋아해 주고 공감해주는 분들이 한 명 두 명 생겨났다. 하루하루가 꿈만 같았다. 그렇게 시작된 '내 마음대로 행복 드리기 프로젝트'. 색연필로 그려낸 꽃 그림 선물은 매일 그렇게 생일을 맞이한 SNS 이웃들에게 보내졌다.

쑥스러웠지만 엄마의 핸드폰에 인스타그램 어플을 설치해드리고 계정을 만들어 드린 뒤 라이브방송 보는 법을 알려드렸다. 그다음 날이었을까…

"여러분~저희 엄마가 들어오셨네요~ 하하하."
기분이 참 이상했다. 한 시간의 라이브방송이 끝나고 엄마께 전화가 왔다.

"고은아, 어쩜 그리 이야기를 잘해? 그림도 너무 잘 그리고! 엄마 감동

했어~. 우리 딸 너무 자랑스러워!! 정말 고마워!"

핸드폰 너머 상기된 엄마의 목소리가 들려왔다. 철없을 적, 왜 엄마는 가난한 것이냐며 가슴에 아픔에 주었던 나는 죄송함에 왈칵 눈물이 차올랐다.

"엄마~! 못된 딸 키워내느라 고생 많았어요~! 미안하고 고마워요!!"
엄마와 이야기를 주고받고 나니 어릴 적 가난에 대한 원망이 사르르 녹아내렸다.

'이런 게 행복이구나. 서로의 상처를 매일 조금씩 보듬어주다 보면 행복해질 수 있겠구나. 과거의 나처럼 마음이 힘든 이들에게 나의 그림이야기로 희망을 줄 수 있지 않을까?' 나는 그렇게 작고 소중한 나의 꿈을 위해 그림을 그리기 시작했다. '행복 그리기'에 도전했다.

02 완벽한 때는 없다

    게으른 완벽주의자에 대해 들어본 적이 있는가? 사전적 의미를 찾아보면 '게으르다'는 '행동이 느리고 움직이거나 일하기를 싫어하는 성미나 버릇이 있다.'이고 '완벽하다'는 '결함이 없이 완전하다. 흠이 없는 구슬이라는 뜻에서 나온 말'이다. 난 게으르지만 완벽함을 추구하는 게으른 완벽주의자였다. 잘 해내고 싶은 마음에 어설픈 시작을 하지 못하고 계속 미루게 되는, 하지만 시작하면 욕심껏 해내는…. 그런 사람 말이다.

    예를 들면 지금의 남편과 결혼하기 전에도 수많은 고민 끝에 결혼의 장단점을 적기 시작했다. 수첩에 수없이 빽빽하게 적어 내려간 끝의 결론은 '외롭기 싫다.'였다. 어떻게 보면 단순한데 그 결론을 내리기까지 내 마음속은 오만가지 생각으로 복잡했더랬다. 어떤 일이 주어지면 너무도 잘해 내고 싶은 생각에 생길 수 있는 위험요소를 계산하고 이득이 있다고 판단되면, 그 일을 진행하고 싶은 마음이 컸다. 첫아이를 임신했을 때도 그랬다. 임신부에게 필요한, 육아에 필요한 도서를 구입하고 매일 읽으며 좋다 하는 것은 모두 시도하였다. 먹는 것도 예쁜 것만 골라 먹고, 보는 것도 예쁜 것만 보고 상상했다. 좋은 음악을 듣고, 마음을 평안하게 하고자 했다. 출산 후에도 젖이 모자라 우는 아이에게 분유를 먹이면 모유가 줄어든다는 이야기를 듣고 모유만을 고집하였다. 아이는 1시간에 한 번씩 깨어 젖을 먹었고, 나는 통잠 자는 것이 내 생에 최고의 소원이 되었더랬다.

지금 와서 생각하면 아이가 얼마나 배가 고팠을까 싶다. 육아서적의 일찍 재워야 한다는 이야기에 아이를 오후 7시 반부터 재우기 시작했다. 반드시 먹고 놀고 난 뒤 자야 한다는 지침에 따라 젖을 먹으면서 잠이 든 아이를 일부러 깨운 뒤 놀아주고, 다시 잠을 재우려니 곤욕이 따로 없었다. 아이는 누워서 잠들지 못했고 꼭 안아서 돌아다녀야 잠이 들었다. 30분 넘게 걸려 잠을 재우고 나면 1시간을 자고 "으앙~!!!" 하고 울며 깨어나기 일쑤였다. 꾸벅 졸던 난 비몽사몽 젖을 물리며 아침인지 저녁인지 모를 날들로 인해 지쳐가고 있었다.

그래서일까 아이는 기질적인 것도 있겠지만, 나의 서투름으로 인하여 예민함을 더 갖게 하지 않았나 싶은 마음에 미안하기도 하다. 어느덧 아이 셋, 다둥맘이 되었고 삼 남매를 육아하며 온갖 육아서와 자녀교육 강의를 통해 완벽한 엄마가 되고자 애썼다. 아이가 셋이면 요구사항이 참 다양한데 엄마는 하나이니 다 들어줄 수 없을 리 만무하지만, 한 아이 한 아이가 원하는 것을 다 들어주는 예스맘이 되고 싶었던 것일까. 완벽한 엄마가 되고자 하는 스스로 묶어 놓은 밧줄에 숨이 턱턱 막힐 지경이었다. 완벽하고자 할수록 점점 더 지쳐만 갔다.

　나를 비롯한 내 주변 사람들마저 완벽함의 틀 안에 넣고자 했고 그 결과는? 서로를 지치고 힘들게만 했다. 완벽하고자 하는 나의 이 마음은 어디에서 왔을까?

　어린 시절, 꿈을 꾸었지만 가난한 집안 환경에 꿈을 포기하고 방황하였던 나의 그 시간이 참으로 아쉬웠던 것인가? '그때 더 열심히 했더라면, 포기하지 않았더라면, 그럼 좋았을 텐데…. 이토록 후회하지 않을 텐데….' 싶어서 '완벽함'의 틀에, '열심히'란 틀에 나를 구겨 집어넣었던 것은 아니었을까?

　한차례 깊은 우울증과 공황장애를 겪은 후 그렇게 완벽해지려 했던 나날을 뒤로하고 모든 것을 내려놓은 날들이 지속되었다. 하루하루 아이들 가까이에서 아이들의 즐거움을 보고 있노라면 행복했지만, 한편으로는 마음 한구석이 허전했고 나의 이름은 점점 잊히는 듯하여 서러운 마음이

들기도 했다.

"넌 뭐가 제일하고 싶어?"

"나? 그림~."

"근데 왜 안 해?"

"응~ 애들 다 키우고 나중에 하려고."

"왜 나중에 해? 지금 해~!"

뒤통수를 한 대 맞은 느낌이랄까…. 아무도 이렇게 이야기해준 이가 없었는데? 지난날 꿈틀대며 무언가를 막 해내고자 할 때 주변인들은 모두가 하나같이 입을 모아 이렇게 이야기했다.

"그걸 지금 왜 해? 나중에 애들 크고 해도 돼~." 또는 "애들 보는 게 돈 버는 거야. 애들 아파봐~돈 더 든다~?"

아이들이 어릴 때 어린이집 운영을 하다가 몸도 마음도 상한 나를 지켜본 부모님도, 시부모님도, 아이들 아빠도 하나같이 그렇게 이야기할 수밖에 없었을 것이다. 나도 그 말이 맞다고 여기며 살고 있었다. 그러나 큰아이 학교 보내고 둘째 아이 유치원 보내고 막내 어린이집 보내고 나서 집에 오면 마음이 그렇게 공허할 수가 없었다. 아이들이 아직 품안에 있는데도 먼 훗날 '빈 둥지 증후군'―빈 둥지 증후군 : 자녀가 독립하여 집을 떠난 뒤에 부모나 양육자가 경험하는 슬픔, 외로움과 상실감(네이버 지식백과)―을 염려하며 불안해했고, '대비책을 세워야 하지 않을까?'라는 생각으로 잠 못 이루는 날들도 많았다.

그렇게 불안하고 답답하던 내 일상에 공방 언니와의 인연은 마른 땅에 단비처럼 느껴졌다. 하루는 친한 동네 언니가 "고은아~ 어버이날 다가오는데 어버이날 카네이션 공예 배우지 않을래?"라는 물음에 조금도 고민을 하지 않고 "응~! 배울래!"라고 이야기했다. '공예'란 단어는 내 마음을 두근거리게 한다. 손으로 무언가를 만들고 꼼지락거리는 것이 그렇게 즐거울 수 없다.

드디어 동네 엄마들 삼삼오오 모여 공방 언니네 집으로 간 날~ 하얀 실내장식과 현대적인 감각이 돋보이는 현관부터 곳곳이 깔끔한 집안 모습에 눈이 휘둥그레졌다. 긴 테이블에 둘러앉아 엄마들끼리 담소를 나누며 고운 빛깔의 색종이로 카네이션을 만드는 시간이 참 따사로웠다. 그날이 인연이 되어 가끔 놀러 오라는 언니의 말에 간식을 사 들고 가서 이야기 나누는 시간을 종종 가졌다.

아이 셋을 키우며 시간에 쫓겨 허덕이면서도 늘 무언가를 찾던 난, 공방언니의 이야기가 참 재미있고 흥미로웠는데 좋아하는 분야가 같으니 공감대가 형성되었고, 내 마음의 종소리를 들은 날이 바로 그날이었다. '아, 내가 왜 지금 당장 할 생각을 하지 못했지? 왜 나중으로 미룬 걸까?

도대체 내 꿈을 왜?' 그날 이후로 내 가슴은 이상하리만치 자꾸만 떨려왔고, 머릿속에는 그림으로 가득 차 버렸다.

어릴 적 꿈을 '언젠가' 이루리라고 생각은 하고 있었지만, 그 '언젠가'를 지금 현재로 앞당길 생각은 눈곱만큼도 하지 못 했다. 언니의 단순 명료한 그 한마디는 마치 쪼그라들어 있는 동전 물티슈에 떨어뜨린 물 한 방울처럼 내 마음의 기지개를 쫙! 켜게 했다.

"그냥 해~ 뭐하러 나중에 해?"

막내 아이 아동수당 신청을 하는 날짜가 코앞으로 다가왔다. 문의하려고 동네 주민센터에 발길을 옮겼는데 이게 웬일일까. 평소에는 쳐다보지도 않던 유리문에 붙은 종이 한 장이 눈에 쏙! 들어오는 게 아닌가? '수채화 교실 회원모집!' 관심을 가지는 것이 있으면 그날부터 관련된 것만 눈에 들어온다고 하더니, 어떻게 이 시점에 내 눈에 딱 띌 수 있었을까?

회원모집을 한다는 안내 종이를 한 장 꺼내어 들었다. '두근두근!!', '왜 이리 심장이 쿵쾅대는 것이야. 안정을 좀 해봐. 심장아~!' 쉽사리 가슴은 진정이 되지 않았고, 6월의 햇살은 참 따사로웠다. 밝고 따뜻한 햇볕이 나에게만 온전히 집중되어 비추고 있는 듯했다. 사랑이었다. 잘될 것 같다는 느낌, 즐겁게 살아낼 수 있다는 기분, 힘들고 지쳐 막막했던 내 삶에 한 줄기 빛이 될 거라는 믿음, '이젠 숨 좀 쉬어~.'라고 다독였다. 마치 나를 위해 준비된 수업처럼….

그 길로 곧장 주민센터 3층을 올라가서 그림 수업 등록을 했다. 목요일 오전 10시부터 12시까지 2시간의 수업이었다. 첫 수업일이 되기까지 얼마나 날짜가 안 가던지….

아이들 셋을 양육하며 하루하루가 바쁘고 정신없고 후다닥 지나가기 일쑤였는데 수채화 수업을 신청하고 나서부터는 매일 매시간이 더디고 느리게만 갔다. 그렇게 아! 기다리고! 기다리던 목요일!!! 아침부터 기분이 좋다. 아이들을 깨우는 나의 목소리도 날씨를 알려주는 일기예보 진행자처럼 참으로 나긋나긋하다.

"애들아 일어나야지~. 오늘 날씨가 참 좋네~. 흠~ 음. 음~."

아침 식사를 준비하는 내내 콧노래를 흥얼거린다. 요리에 흥미가 없는데 오늘은 마치 유명한 식당에 요리사가 된 것 마냥 달걀부침 하나도 어여쁘게 잘 구워낸다. 아이들 셋을 기분 좋게 깨우고 아침을 먹여 학교에, 유치원에, 어린이집에 보내고는 자유가 된 난 룰루랄라~ 그렇게 내 몸이 가볍게 느껴진 적은 없었다. 땅을 딛고 걷는 것이 아니라 구름 징검다리를 밟는 것 마냥 살포시 톡톡~! 드디어 주민센터 2층, 수채화 교실에 도착했다. 흰 머리가 참 멋스럽게 나 계신 여성분이 자리에서 수채화 도구들을 꺼내고 계신다.

"안녕하세요? 선생님이신가요?" "아뇨~ 나도 수강생이에요. 배운 지 얼마 안 되었어요~선생님 곧 오실 거예요~."

나이 지긋하신 어머님이 친절하게 말씀하신다. 뒤에서 두 번째 자리에 앉았다. 오른쪽에 있는 유리창으로 따뜻한 햇볕이 스며들어온다. 선생님이 오시고 인사를 나눈 뒤 잘 왔다는 격려와 함께 8절지 스케치북 한 장을 넘긴다. 선으로 4등분을 나누고 선 긋기를 하라 하신다. 가로 선을 그으며, 세로 선을 그으며, 미술 학원을 처음 갔던 18세 소녀로 돌아간다. 모든 것이 만족스럽고 마음이 평온하다. 그날부터 매주 목요일 오전 10시는 내가 숨 쉬는 시간, 자유로워지는 시간이 되었고 일주일에 한 번 있는 수채화 수업은 복잡하고 공허한 모순투성이 나의 일상을 온통 핑크빛으로 물들였다.

아이들을 다 키우고 나서 한가한 그때가 '나의 꿈을 꾸기 적당한 때.'라고만 생각했다. 스물여섯 꽃다운 나이에 결혼하는 것이 '결혼하기 적당한 때.'라고 생각했다. 모든 것은 때가 있다는 말을 듣곤 하는데 그 적당한 때는 대체 누가 정해놓은 것일까? 내가 스스로 마음의 소리를 듣고 몸을 일으킬 수 있는 때가 나에게 완벽한 때가 아닐까? 아니, 적당한 때가 아닐까? 준비가 온전히 되지 않았어도 한 발짝, 한 발짝 앞으로 나아가는 것만으로도, 살아내는 것만으로도 나는 성장하고 있는 것이다. 그렇게 한 걸음씩 내딛다가 상상치도 못한 일들이 내 앞에 딱! 기다리고 있을 때는 얼마나 기쁜지!

어떤 것이 그런 기회를, 행운을 가져오는 것일까? 바로 내 안에 있다면 믿겠는가? 내가 '진정으로 하고 싶을 때!', '마음의 종소리가 들릴 때!', '마음이 간질간질해지는 그때!'가 바로 내가 변화할 좋은 때인 것이다. 완벽한 날을 위해 나를 옭아매던 지난날보다는 변화하고 싶은 나의 마음을 온전히 느끼고, 다독여주는 따뜻한 오늘이면 충분하다.

03 후회 없는 인생을 위해 중요한 것은 무엇일까?

슈퍼우먼이 아니었는데 슈퍼우먼인 것처럼, 모든 일을 완벽히 잘 해내려고 동분서주했던 날들이 있었다. 내가 없으면 세상일이 돌아가지 않을 거라 착각하며 살았다. 결국에 탈이 난 나는 맥을 못 출 정도로 기력이 쇠해지고 정신적으로 아주 예민해졌으며 침대가 관인 것처럼 푹 파묻혀서 눈을 뜨지 못했다. "엄마, 엄마, 일어나요!!" 아이들이 반복하여 나를 부르고 팔을 흔들어대지만, 눈꺼풀이 올라가지 않는다.

4년 전의 악몽이 다시 시작된 것이다. 분명 같은 원인은 아니었지만,

결과는 똑같았다. 내가 있는 이곳이 현실이 아니길 바라고, 잠이 든 뒤 다음 날 눈이 떠지지 않기를…. 천벌 받을 기도를 하고 있었다…. '분명 난 행복해지길 바랐는데…. 아이들을 많이도 사랑하는 엄마인데…. 내 삶을 얼마나 충실히, 누구보다 열심히 살아내는 나인데…. 왜 나에게 이런 일이 또 일어나는 걸까?' 또 시작이다. 머릿속의 생각은 꼬리에 꼬리를 물고 나를 갉아먹기 시작했다.

가족들이 곁에서 걱정하는 것을 알면서도 기운을 차리지 못하고, 가족들이 잠든 밤이 되면 컴컴한 방에서 눈을 뜨고 하염없이 천장만 바라본다. '왜 난 이러고 있을까? 왜 내 몸이 움직이지 않을까? 왜 말이 나오지 않을까, 난 왜 이런 벌을 받고 있을까? 내가 잘못한 게 대체 뭘까….' 질문은 칼날이 되어 심장을 콕콕 찔러댔다. 하염없이 눈물만 나오고 몇 시간이 지났을지 모르지만, 동이 틀 무렵 깜빡 잠이 든 사이 악몽을 꾸어댄다….

한없이 바다 속으로 가라앉고 있는 나…. 몸에는 무거운 쇳덩이들이 감싸져 있고 그걸 풀지 못하는 나는 한없이 깊이 더 깊이 가라앉는다. '나 수영을 못 해…. 어떡해…. 무서워…. 엄마….' 꼬르륵…. 숨이 막힌다…. 눈을 감는다…. 콧속으로 귓속으로 들어오는 물방울 소리만 뽀로록 들려온다. 그렇게 '죽는구나!' 하는 생각이 들 때 '팟!' 소리와 함께 눈앞이 환해진다.

'진짜 죽은 건가?' 그러나 여전히 방안 침대 위다. 악몽을 꾸는 날들이 얼마나 지났을까, 당시 허리 디스크 파열로 시술이 끝난 지 한 달도 채되지 않았던 남편이 휴가를 내어 세 아이를 챙기고, 나를 위해 요리하는시늉을 한다. 엄마가 해놓고 가신 팥죽을 냄비에 덜어 데우며 "나 요리해줬다? 꼭 기억해야 해?" 하며 웃는데 그 모습이 참 슬프다.

아이가 태권도 학원을 간다며 집을 나서는데 아이를 잡으러 달려 나가다 그만 현관에서 넘어져 무릎을 꽝 부딪쳤다…. 놀란 아이는 나를 보고'엄마가 왜 이럴까….' 하는 걱정스러운 눈빛을 보낸다. 그 눈빛도 참 슬프다. 태권도 학원을 가는 건데 왜 헤어지는 것 같았을까? 왜 다시는 못볼 것 같았을까…. 지금 생각해보면 말도 안 되는 생각을 그때는 절절히했더랬다.

당시에 난 마음이 무척 아픈 상태였고, 그런 나를 보며 가장 가슴이 저리고 아팠을 사람은 바로 친정엄마였으리라. 멀쩡한 딸이 두 번이나 이런 상황을 겪으니 기가 차고, 땅이 무너지는 심정이지 않았을까…. 시간이 지나고 괜찮아졌다 싶을 때 친정엄마에게 "엄마, 그때 엄마가 나한테이랬었지…. 나 다 기억난다?"라고 이야기하니 슬픈 얼굴로 이야기하신다. "고은아, 그때 이야기하지 마…. 엄만 지옥이었어…."

병원 약을 처방받아 꾸준히 복용하고 한두 달 지났을까…. 다행히 마음의 병은 이전에 왔던 것보다 오래 머물지 않고 가 주었고 다시 한번 힘을 내서 살아보고자 했다. 매일 산책을 시작했다. 따뜻한 봄을 좋아하는 난 봄의 따스한 기운을 마음껏 느끼고, 충분히 봄에 머무른 다음, 슬슬 더워질 때 즈음, 다시 인스타그램 앱을 눌러보았다. 뭔지 모르지만, 사람들이 삼삼오오 모여 춤을 추고 있다.

'뭐지? 이 사람들, 많이 신나 보이는데? 무슨 일이지?' 궁금증에 손이 빨라지고 알고리즘은 나를 계속 안내한다. 신나는 사람들 틈으로…. '어? 내가 알고 있는 그 김미경 강사? 오랜만이다…. 그런데 강사 일을 이제 안 하시나? 사람들이 왜 학장님이라 부르는 거지?' 평소 호기심이 많았던 난 멈추지 않고 인터넷 검색을 해본다. '김미경 강사. MKYU대학 학장' 지금 붐이 되는 이슈는 '김미경의 리부트!' '이게 뭘까, 분명 내가 모르는 세상인데 너무 궁금하잖아. 나도 이제 좀 신나게 살고 싶어!'

그렇게 한참을 찾아보니 첫째, 둘째를 낳고 산후우울증에 있었을 때 구매했던 책 한 권, 『꿈이 있는 아내는 늙지 않는다』의 저자, 김미경 강사님은 온라인 대학의 학장님이 되어계셨다.

결혼하기 전까지 쉬어본 적 없이 일을 했던 난, 결혼 후 아이를 낳고 점점 내가 없어지는 걸 경험하며 그 책 한 권을 가슴에 끌어안고 울며 다짐을 했었다. '잊지 않을 거야 내 꿈! 잊지 않을 거야 날! 아이들이 크면 난 날개를 펼거야!'라고…. 그런데 아이를 하나, 둘, 셋을 키우며 그 생각은 희미해져 가고 있었다.

갑자기 손가락이 막 빨라지기 시작했다. 회원가입을 하고 로그인을 하고 이것저것 살펴볼 것도 없이 입학금을 입금한다. '99,000원! 말도 안 되는 입학금! 나를 위해 이 정도도 못 쓸까?' 그 생각, 그 선택은 탁월했다. MKYU대학의 학생이 되고 김미경 학장님의 책 『리부트』를 구매했다. 책이 도착하자마자 매의 눈으로 읽어 내려간다. '뭐? 판이 바뀐다고?' 이제 더 이상 돈이 땅에 있지 않다고, 많은 돈은 하늘 위에 떠다니고 있다고, 실행하지 않겠냐고! 지금이 기회라고 말하고 있었다.

위기를 기회로 바꾸고 싶었다. 당장 SNS를 모르니 인스타 활용방법을 알아야겠다 싶어 홈페이지에 있는 여러 강의 중 드로우앤드류님의 SNS 마케팅 강의를 등록하였다. 오랜만에 나에게 집중하여 질문하는 시간이 되었고, 이어서 임헌수 소장님의 인스타그램 경영자 과정인 'CIO 3기 수업!'을 듣기 시작했다. 서른이 훌쩍 넘은 30대 후반에 풋풋한 대학생이 되어 과제를 해나가고 있었다.

하루는 자신의 소개를 동영상으로 남기는 것이 과제였는데 참 난감하였다. 사실 SNS를 시작하게 된 것도 커다란 용기가 필요했다. 정보가 노출되는 것을 극도로 꺼렸고 SNS를 하는 사람들은 모두 자신의 소유물을 자랑하는 것만 같았다. 그런데 얼굴을 공개하고, 자신을 소개하라니!

말도 안 된다 생각했으면서도 이전과 달라지고 싶은 마음이 들어 핸드폰의 카메라를 셀카 방향으로 돌리고 이야기를 하기 시작했다. 자연스레 내 아픔을 말하게 되고, 앞으로의 꿈에 관해 이야기하게 되는 것이 신기했다. 영상을 올릴까, 지울까? 수백 번 고민했지만, 세상으로 한 발짝 나아가고 싶어 과감한 선택을 했다. SNS는 공개 계정이었고 함께 수업을 듣는 사람들은 나의 과제를 볼 수 있었기에 댓글이 하나둘씩 달릴 때마다 난 울컥울컥…. '아팠던 시절이 저도 있어요. 이겨내느라 고생 많았어요. 꿈도 꼭 이룰 수 있길 응원해요.' 일면식도 없는 사람인데…. 나를 응원한다. 나를 격려한다.

우울증을 겪었다는 사실을 그동안 감추려고 했었다. 죄를 지은 것도 아닌데 들키면 나의 치부가 드러날 것만 같았다. 그러나 그 마음을 내려놓고 세상에 한 발짝 내디딘 순간 자유를 느꼈다. '아…. 이래도 되는 거였어. 이야기해도 괜찮은 거였어. 많이 힘들었다고 내색해도 되는 거였어….' 그날 이후로 왠지 모를 편안함을 느끼며 SNS에 마음을 담기 시작하였고, 격려해 주고 응원해주는 사람들과 소통하기 시작했다.

내가 어떠한 일을 시작할 때 걱정의 눈으로 바라보고 이야기하던 내 주변인들과는 달리 SNS 이웃들은 적극적으로 지지해주고 응원해주었다. 하루하루가 신이 났고, 무엇이든 할 수 있을 것 같은 용기를 얻었다. 도전을 멈추지 않았다. 하나같이 응원해주는 그들 덕분에.

후회 없는 인생을 살고 있다고 자신 있게 이야기할 수 있는 사람은 몇이나 될까? 하루는 유튜브로 음악을 틀기 위해 검색을 하다가 영상 하나가 눈에 띄었다. 나이가 지긋한 노인분들의 인터뷰였다. "젊은 시절의 나에게 돌아가 해주고 싶은 이야기가 있다면요?" "조금 더 모험적인 삶을 살아라. 아무것도 걱정하지 말고 그냥 해봐라. 걱정하다가 아무것도 하지 않으면 아무것도 이룰 수 없다."라고…. 나는 과연 모험적인 삶을 살고 있는 것인가?

스무 살이 되고 결혼하기 전까지 일을 쉬어본 적이 없어 결혼하면 잠시 쉬면서 여유를 가질 생각이었다. 워낙 아이를 좋아했으니 아이를 출산하고 키우며 '얼마나 깜찍하게 예쁠까?'만 상상하였다. 그러나 첫아이가 새벽마다 한 시간에 한 번씩 깨어나면서 나의 하루는 끔찍하게 변했다. 눈 그늘은 턱까지 내려왔고, 아침인지 저녁인지 구별도 되지 않았으며 깨어 있어도 꾸벅꾸벅 졸기 일쑤였다.

아이가 무척이나 예뻤기에 모든 힘듦도 달게 받아들였지만 둘째가 배 속에 들어서며 점점 더 나의 이름이 잊힐 듯한 불안감은 커져만 갔다. 숨을 쉬고 있지만, 숨이 막혔고 아이가 눈부시게 예쁠수록 더 조급해졌다. 이렇게 내 우주의 중심인 나의 아이들이 커서 사춘기가 되고 좀 더 커서 내 곁을 떠난다면 견딜 수 있을까? 이런 생각에 파묻히는 날이면 질식할 것만 같아 자꾸만 숨구멍을 뚫으려 했고, 계속하여 나를 찾으려 했다.

작은 소품들을 만들며 재봉틀을 다룰 수 있는 홈패션 수업을 듣고, 어린이집 환경 판을 손수 제작하여 판매도 해보았다. 만들기 고수 주부로 방송에 출연하여 크리스마스 장식품을 만드는 경험도 하였고, 공방 준비, 그림 수업 진행 등등 수많은 도전은 나를 찾고, 살리기 위해 고군분투한 흔적들이었다.

아이들에게 모든 관심을 쏟고 사랑한다는 명목 하에 아이들을 옥죄기 싫었고 다만 가족의 행복을 바랐다. 그러기 위해선 엄마인 내가 먼저 숨 쉬고 행복해야 한다는 결론을 내렸다. 그때 당시 CIO 3기 수업을 가르치시던 임현수 소장님은 이렇게 이야기하셨다.

"나에게 24시간밖에 남지 않았다고 생각해봐요. 지금 사는 대로 살아도 괜찮나요?"

아니, 안 괜찮았다. 변화가 필요했다. 이제 더 이상 아이들의 학원, 공부, 미래에 관한 걱정을 넘어서 문제로 받아들여 자신을, 또 아이들을 들들 볶고 싶지 않았다. 아이들을 향해 있던 사랑을 가장한 매서운 관심을 나에게로 조금 돌려보기로 한다. '아이들이 진정 행복해지길 원한다면…. 그럼 난 어떤 선택을 해야 할까?' 그렇다…. 아이들이 행복해지기 전에…. 남편이 행복해지기 전에, 부모님이 행복해지기 전에 나 스스로가 행복해야 함을 깨달았다. 내가 행복해지면 가족 모두가 행복해질 수 있다는 걸 말이다.

후회 없는 인생이란? 제각기 답이 다를 것이다. 사람마다 성향이 모두다르고 재능도 다르며 좋아하는 것도 다르니 원하는 것도 다를 것이고 의미와 가치를 두는 곳도 같지 않을 테다. 중요한 것은 인생의 주인공인 내가 누구인지 잘 알고 나를 찾아가는 노력, 소중한 내가 원하는 것을 알아차리는 것, 그것이 후회 없는 인생을 위한 첫걸음이지 않을까. 한 가지 잊지 말아야 할 것은 건강이 보내는 신호 또한 무시하지 않고 가능한 모든 것에 도전해보는 것이다.

04 작고 소중한 꿈, 성공 그리고 행복

나의 어릴 적 꿈은 아주 다양했다. 그림을 잘 그리는 친척 언니를 보면 그림 그리는 화가가 되고 싶었고, 어린이 동요 무대에 나오는 어린이를 보면 가수가 되고 싶었다. 그 당시 매년 열렸던 미스코리아 대회 프로그램을 보고 나서는 뾰족구두를 신는 미스코리아가 되고 싶었다. 그날 오후 종이에 발을 대고 그려 발판을 만들고 나무 블록을 발뒤꿈치 쪽에 테이프로 붙인 다음 뾰족구두를 만들어 신은 기억이 난다….

뉴스에 나오는 아나운서를 보면 또박또박 발음하는 연습을 하며 아나운서가 된 나를 상상해보기도 하고, 피아노 학원 선생님을 보며 피아니스트를 꿈꾸기도 하였다. 이토록 수많은 꿈 중에서 내 마음을 더 붙잡은 꿈이 있었는데 바로 당시 TV 프로그램 〈뽀뽀뽀〉의 뽀미 언니였다. 동그란 눈에 낭랑한 목소리로 이야기하며 아이들과 즐겁게 율동하는 모습. 그 모습은 유치원을 다니게 되면서 유치원 선생님을 꿈꾸게 했고, 일곱 살 무렵 그 작은 꿈을 스스로 경험해 보았다.

어떻게 했을까? 동네 아이들을 방 한 칸인 우리 집으로 모두 불러들였다. 대부분 나보다 한두 살 어린, 대여섯 살 아이들. 카세트에 동요 테이프를 넣고 버튼을 누른다. "아빠가 출근할 때 뽀뽀뽀~. 엄마가 안아줘도 뽀뽀뽀~. 자, 선생님을 따라 해보세요!" 흘러나오는 동요에 맞추어 직접 만든 율동을 앞에서 선보인다. 집에 놀러 온 동네 아이들은 신이 나서 함박웃음을 지으며 율동을 따라 하고 신나게 뛰어오르기 시작한다~~!! 그 모습을 바라보며 더욱 흥에 겨운 일곱 살 선생님의 마음속에는 오색빛깔 무지개가 떠올랐다.

이 작고 소중했던 꿈은 10대 시절 '그림 그리는 밥 로스 아저씨'를 만난 후 잠시 잊었지만, 그림 공부를 지속할 수 없는 환경이 되었을 때 내 곁을 지켜준 고마운 꿈이었다. 허리를 다치기 전까지 천직이라고 여기며 내 곁에 함께 하던 꿈. 아이들의 해맑은 웃음과 순수함을 좋아하는 내게 아이들과의 하루하루는 기쁨이고 행복이었다. 어린이집에 첫 등원을 할 때 엄마와 떨어지는 것이 서러워 내내 울던 어린 꼬마들이 하루, 이틀,

일주일 지나 적응을 하게 되며 즐거운 표정으로 하루를 지내고 사랑표현을 해 줄 때면 종일 기쁨이 가득했다.

물론 힘들 때가 없었던 것은 아니다. 20대 초반의 나이다 보니 일곱 살 친구들의 담임을 맡았던 초임교사 때 자폐 스펙트럼을 갖고 있던 남자아이의 행동을 보고 당황하기도 했었다. 아이는 자리에 앉아 있지 않았으며 늘 교실 안을 자유로이 뛰어다녔고, 점심시간에는 무엇이 그리 화나는지 책상 아래로 들어가 들고 있던 숟가락을 부러뜨리며 난동을 부리기도 하였다.

처음 아이들을 맡았던 때라 경험이 없어 매일 써 내던 교사 보육일지 공란에 '원장님, 너무 힘이 들어요…. 사랑으로 대하면 좋아질까요?'라고 남겼더랬다.

이에 원장님은 '선생님은 잘해주고 계세요. 선생님의 판단이 옳으니 지금처럼 하시면 됩니다.'라고 써주셨고, 다시금 힘을 내어 매일 아침 심호흡을 하면서 하루를 시작했다. 사랑을 가득 담아 아이에게 따스한 눈빛과 함께 널 믿는다는 말을 전하곤 했다.

1년이 다 되어 졸업을 앞둔 어느 날, 하트 무늬를 가득히 그려 넣고 그 가운데 나를 그린 색종이를 내밀던 아이…. 종이 한 귀퉁이에 쓰인 '선생님 사랑해요.'라는 글자를 본 순간 아이를 와락 껴안고 울고야 말았다. 초임교사의 시절을 성공적으로 마쳤다는 안도감과 함께 고마움이 물밀 듯 밀려오는 게 아닌가.

중학교 3학년 국어 시간…. 창문으로 들어오는 따뜻한 봄 햇살에 졸음이 쏟아졌다. 졸음을 이겨내려 다른 생각을 하기 시작했고, 그때 눈에 들어오는 건 국어 선생님의 얼굴, 안경을 쓰시고 책의 글씨가 잘 안 보이시는지 안경을 코끝에 걸치신 후 책을 내려다보는 모습이 인상적이었다. 책 한쪽 귀퉁이에 선생님 얼굴을 그리기 시작했다. 그림을 본 옆에 앉은 짝꿍이 말한다 "우와~ 완전 똑같아!" 쉬는 시간이 되고 짝꿍이 사진 한 장을 내민다. "내가 좋아하는 오빤데 그려줄 수 있어?" 연습장에 작은 네모를 그리고 연필 한 자루로 사진과 흡사하게 그려냈다. 금세 소문이 나서 그날 이후 쉬는 시간의 내 주변은 첫사랑 증명사진을 들고 온 여중생들로 붐볐던 기억이 난다. 그림에 재능이 있다는 걸 느끼고 미술 실기 시간마다 인정받으며 자연스레 미래의 디자이너, 화가란 꿈이 자리 잡게 되었다.

작은 동네의 슈퍼집 딸이었던 나는 미술전공을 하는 꿈을 당시에 이루지는 못했지만 30대 후반 그 꿈을 이루었다. 온라인 화실이었지만 나는 줌(화상)으로 그림 수업을 진행하는 밥실리아 화실의 대표였다. 그림을 전공하지 않았지만, 나에게 그림에 대해 질문하고 그림을 배우고 싶어 하는 분들과 수업을 함께 하며 친절한 리아쌤이 될 수 있었다. 당장에 성공하지는 못했지만 결국은 해낼 수 있었던, 시간이 지나 해낼 수 있었던 동력은 무엇일까? 그것은 바로 내 안에 꿈이 있었다는 사실, 그 꿈을 내버려 두지 않았던 것이었다. 내가 나에게 하는 소리에 귀 기울였던 순간이 나를 꿈 가까이 데려다 놓았고 '그렇게 꼭 되고 싶다.'라는 열정이 나를 움직이게 했다.

　그럼 이 열정은 어디서부터 나오는 것일까? 나는 늘 나를 찾고 싶은 마음이 컸다. '그냥 살지 뭐.'라는 생각은 나에게 용납이 되지 않았으며 '내가 좋아하는 것은 무엇인지, 내가 어떤 것을 할 때 행복한가?' 라는 질문을 멈추지 않았다. 그 결과 내가 무얼 창작해낼 때 기쁨을 느낀다는 사실을 알았고, 취미에서만 그치는 것이 아닌 실질적인 수익으로 연결될 무언가를 찾고 싶었다.

　그 당시 난 인스타그램에 매일 그림을 그려 올리고 있었고, 알고리즘은 그림과 연결된 타인을 연결해 주고 있었다. 인스타 친구 토부님은 이모티콘 만들기 전자책이 출시된 기념으로 이벤트를 하고 계셨고, 당첨되어 전자책을 선물 받게 되었다. 이모티콘 만들기 수업을 진행하신다는 이야기에 1기로 참여를 했고, 2주의 수업을 하며 카카오 이모티콘에 도전했지만, 탈락의 쓴잔을 마셨다. 토부님과 동기들의 격려로 포기하지 않고 네이버 오지큐(이모티콘스티커숍)에 재도전하여 승인되었고, 난 드디어 이모티콘 작가가 되었다.

　그 후에도 토부님의 그림 동아리 폰티콘(폰으로 이모티콘)의 멤버가 되었고 그림으로 성장한다는 신조로 여러 가지 프로젝트를 함께하며 함께한다는 것의 기쁨을 알게 되었다. 나만의 그림을 넣은 메모지를 만들고, 서로의 그림이 담긴 컬러링북을 만들고 연말이 다가왔을 때는 그동안 그려낸 그림으로 달력을 만들어 함께 홍보하고 판매도 하였다. 자신만의 이야기를 하나의 그림책으로 만들어 그림책 작가가 되어보기도 했다. 혼자라면 망설이는 데 많은 시간을 들였을 텐데 같이 도전한다는 그것 하나만으로도 내 마음의 열정이 되살아났고 작은 성공을 계속해서 경험할 수 있었으며 내가 해낼 수 있다는 자신감을 채우기에 충분하였다.

"당신의 보물이 있다면, 무엇인가요?" 물었을 때 가정을 이루고 아이 셋이 있는 지금은 주저 없이 '아이들'이라고 답할 것이다. 가족을 제외하고 아끼는 보물이 있다면, 그것은 고등학교 시절 남겼던 일기장이다. 일기장을 썼을 당시에는 훗날 이 글들을 보며 울고, 웃고, 추억할 수 있음을 예상하지 못했다. 한참 감수성 예민했던 10대 시절의 글은 10년이 지나고 20년이 지난 후에도 그 시절로 나를 소환하는 타임머신이 된다….

어릴 적 추억을 회상하는 것에는 친구들과 함께 찍은 사진도 있을 테지만 일기장이 이토록 소중한 것은 왜일까? 그 당시의 나의 감정이 고스란히 담겨 있기에 바쁜 현실에 치여 잊고 살던 나의 어린 시절이 추억되기 때문이리라. 기쁠 때만 쓰지 않았다. 친구 관계로 힘이 들 때 방바닥에 엎드려 눈물, 콧물을 줄줄 흘리며 썼던 것도 생각이 나고, 첫사랑과 풋풋한 연애 추억담도 있으며 쓰디쓴 헤어짐의 역사도 있다.

그때부터 감정을 글쓰기로 풀어내는 것이 속이 시원해짐을 느꼈다. 생

각해보면 결혼을 하고 아이를 낳고 키우며 남편과 신경전이 일어난 날에
도 분노가 끓어오르는 감정을 종이 위에 토하듯이 풀어냈더랬다. 우울증
과 공황장애를 겪고 있던 때에 이사를 앞두고 집을 정리하던 남편이 내
게 웃으며 이야기했었다. "데스노트가 있더라?" 첫아이를 낳고 너무도
철이 없던 당시의 남편을 향한 분노의 감정을 적던 일기장에는 남편이
죽고 살고를 몇 번이나 했다. 나도 여러 번 죽었다. 감정을 쏟아내는 글
쓰기를 하며 마음 치유를 경험했었기에 '언젠가는 글을 쓰며 살아갈 것
같다.'라는 생각이 들었었다.

　　MKYU 유튜브 대학의(김미경 온라인 대학) CIO 수업(인스타그램 경영
자 과정)을 수강할 당시 나의 아버지는 자서전을 준비하고 계셨는데 곁
에서 도와드리고 싶은 마음이 들었다. 함께 수업을 들은 동기이며 책을
출판한 작가 사라 님이 문득 떠올라 전화를 걸었다.
　　"아버지가 자서전을 내고 싶어 하시는데 경험이 없으셔서 고군분투 중
이시거든요~! 사라 님이 떠오르지 뭐에요?" 나의 이야길 듣던 사라 님은
본인 경험담을 이야기 해주셨고, 얼마 뒤 책 쓰기 수업을 여셨다. 나의 전
화를 받고 도움을 주고 싶어 수업을 준비하게 되었다고 하셨고 아버지의
여러 가지 사정으로 내가 먼저 수업을 듣게 되었다. 그 후로 글쓰기 모임
을 함께하고, 개인 에세이 준비와 공동 저서 준비까지 함께하게 되며 먼
훗날 작가의 꿈을 가까이 당겨오게 된 이 시점…. 가만히 생각해본다.

성공이 내게는 멀리 있어 손에 잡히지 않는 신기루와 같다고 생각했을 때가 있었다. 때로는 부의 성공을 위해 나답지 않은 선택을 했을 때도 있었다. 성공을 향해 이것저것 도전하며 실패했다고만 생각한 날들 앞에 나 자신이 그토록 작게 느껴질 수가 없었는데 지나고 보니 작은 성공을 날마다 이루어내고 있었다. 그런 나 자신에게 칭찬을 아끼고, 작은 실패를 할 때는 스스로 비난을 퍼부으며 점점 자신감이 없어졌던 것이다.

누구나 성공에 대한 갈망이 있지만, 모두가 이루어내지 못하는 것은 어쩌면 자신에게 응원과 믿음을 보내주기보다는 스스로를 깎아내리기 때문이 아닐까. 성공하고 싶다면 반대로 하면 되는 게 아닌가? 작은 성공을 할 때마다 신나게 칭찬해 주는 것이다. '오늘은 30분 걷기 성공했네!' '오늘은 책 읽기 30분 성공했네!' 하루하루 성공한 경험이 모여 행복을 이룬다면, 오랫동안 바라던 나의 꿈을 이루는 것도 시간문제일 테다.

05 자신을 다시 일으켜 세우는 방법

　돌부리에 넘어져 본 경험이 있는가? 넘어진 뒤에 까진 무릎을 보았다면 어떻게 하는 것이 옳을까? 당연히 상처 난 부위를 소독하고 약을 바르면 될 것이다. 직접 겪어보지 않아도 누구나 답할 수 있는 이야기일 텐데 인생이란 무대에서 장애물을 만나 넘어지면 이야기는 좀 달라지는 것을 경험했다. 서른세 살 여자는 넘어진 날 자신의 무릎에 난 상처를 보고 많이 슬펐다. 무릎에 난 상처뿐이었겠는가. 넘어지면서 '꽝!' 찧은 엉덩이도 아팠을 것이고 무엇보다 어떻게 일어나야 하는지 방법을 알지 못해 그 자리에 주저앉아 내내 울었다고 한다.

걸려서 넘어지게 된 첫 번째 돌부리는 '건강'이었다. 허리디스크가 급성으로 파열되면서 그동안 건강을 소홀히 한 지난날을 후회하고 다시 건강해지면 '운동을 매일 하리라.' 다짐했었다. 그러나 몸이 약해지니 마음 상태도 온전치 못하여 나의 불행만 보이고 다른 무엇도 시야에 들어오지 않았으며 결국에는 누군가를 돌볼 수 없는 오히려 돌봄을 받아야 하는 상태가 되었다. 주저앉다 못해 깊은 땅굴을 끝없이 파고 들어가서 빛이 들어오는 틈조차 허락하지 않았으며 삶이 이대로 끝나는 줄로만 알았다.

아픈 엄마를 바라보며 어린 삼 남매는 쓸쓸한 가을을, 겨울을, 다음해 봄을 지냈고 큰아이는 초등학교 입학을 했다. 마음의 병으로 인해 병원에 입원하러 남편과 현관문을 나서는 내게 그동안 모은 동전 열네 개를 손에 꼭 쥐여 주던 둘째는 여섯 살이 되었고, 업히길 좋아하는 10개월 막내는 다음 해 봄, 혼자서 잘 걸을 만큼 자랐다. 가을. 겨울 내내 마음이 아픈 자신의 큰딸에게 "고은아~ 봄 되면 괜찮아질 거지? 따뜻한 봄 되면 나을 거야. 너 봄 좋아하잖아 그치?"라고 말하던 친정아버지의 심정은…. 아이 셋의 엄마인 큰딸이 자식도 못 돌볼 만큼 자신을 내려놓은 것을 지켜보아야 하는 친정엄마의 가슴은 연탄처럼 새카맣게 타들어 갔으리라….

쓰디쓰고, 차디찬 그 가을과 겨울이 단 한 번이었다면 좋았으련만, 열심히 살려고 애쓸 때마다 어김없이 찾아오는 어두운 그림자…. 불청객 우울증 씨는 공황장애 씨와 대인기피증 씨를 함께 데려왔고 피해망상 씨까지 함께 오는 날에는 내가 살고 있는 건지, 드라마 속인지 끔찍한 악몽을 꾸는지도 모르겠다는 생각을 했더랬다.

내가 걸린 두 번째 돌부리는 '불안함'이었다. 공방을 창업하려고 하는 지인과 함께 수업을 준비하고 있었다. 함께 공방을 꾸려나가는 상상을 하며 자꾸만 찾아오는 반갑지 않은 불안함이 왜 나에게 이렇게 집착을 하는지 곰곰이 생각했다. 처음에는 '내가 욕심이 많아서 할 수 없는데 해내려고 해서 그런 거구나.' 하고 자신을 자책했더랬다. 그럴 때마다 욕심이라 생각했던 나의 모든 것을 내려놓고 세 아이에게 좋은 엄마가 되는 길을 택했다. 아이들 곁에서 나는 없이 아이들만 챙기는 데 집중했지만 이내 다시 아프게 되는 경험 후 내린 결론은 아이들을 방패 삼아 숨는 것이 최선이 아니라는 것이었다. 꿈을 이루고 싶어 하는 나를 인정했다. 넘어지더라도 오뚝이처럼 일어나서 성장하고 싶어 하는 내 마음을 알아차렸다.

"베지밀 시켰어? 삼 남매 중 누가 좋아해?"

함께 유치원 버스를 태우는 아이 엄마의 물음에 "내가 좋아해."라고 답하는 나를 보며 함께 서 있던 엄마들이 웃음을 터뜨린다. 보통 인터넷으로 음식 주문을 할 때 아이들 위주로 주문하는 엄마들이라 내가 먹고 싶어 스물네 개 들이 베지밀을 주문했다는 것이 다소 생소했나 보다. 과거에는 나 또한 그 엄마들과 다르지 않게 아이들의 입맛에 맞는 음식, 아이들이 좋아하는 장난감, 아이들이 입고 싶어 하는 옷, 아이들이 가고 싶어 하는 곳 등등 모조리 아이들이 원하는 것으로 채웠던 지난날들이 있었다.

그러나 우울증과 공황장애라는 긴 터널을 여러 번 지나오고 난 뒤에 내가 깨달은 것 중의 하나는 '나를 챙겨야겠다.'라는 생각이었다. 아이들에게 쏠려 있는 시선과 마음을 조금만 나에게로 가져오기로 한 것이다. 아이들을 챙겨줄 엄마가 아프면, 소중한 가족들을 챙기기는커녕 나를 못 돌본 시간으로 인해 그 피해가 고스란히 가족에게 넘어간다는 것을 너무도 잘 알기에 나를 우선순위에 놓기 시작했다.

외식 장소도 아이들이 좋아하는 실내놀이터가 있는 '○○○ 감자탕'으로 늘 정했었다면, 이제는 내가 좋아하는 '연어 초밥'을 주문했고, 아이들을 돌보기 편한 '헐렁한 옷차림'이 아닌 내가 좋아하는 '원피스'를 입기로 한 것이다. 아이들이 원하는 장소로 차를 타고 놀러 가며 '동요만' 틀었다면, 가끔은 내가 가고 싶은 곳을 향하고, 좋아하는 가수 '성시경의 발라드'를 틀기 시작했다.

아이들에게만 향해 있던 시선을 나에게로 가져오니 왠지 아이들도 편한 듯 느껴졌고, 내 안에 상처받고 웅크린 작은 소녀를 일으키는 듯하여 이 결정이 꽤 마음에 들었다. 하고 싶다는 것, 원하는 것을 어떻게 이룰

지 생각해본다. 그림을 그리고 싶다는 마음을 알아차리고 배울 방법을 찾기 시작한다. 이렇게 나를 챙기기 시작하다가도 습관적으로 '날 돌보는 것'을 잊은 날에는 어김없이 생채기가 난다.

며칠 전부터 가운뎃손가락이 아려왔다. '왜 그러지?'라는 생각과 함께 무심히 넘어갔건만 이내 점점 부어오르더니 팽팽해져 터질 것만 같았을 때 병원을 찾았다.

"안에 고름이 꽉 차 있어서 째야 해요. 어디에 찔리셨었어요?"
"네??"

의사 선생님의 질문에 어디에서 찔렸었는지 그때야 생각해보기 시작했다. 얼마 전 저녁준비를 하며 새우를 맨손으로 손질하다가 뾰족한 머리 부분에 찔렸던 것이 생각났다. 피가 살짝 났지만 별다른 조치 없이 찬물로 씻어내고 말았더랬다. 의료용 칼로 손가락 손톱 옆부분을 쓱 긋는데 "으악!" 소리가 절로 났다. 한 1cm가량 찢는 느낌이었는데, 고름을 짜내고 나서 살펴보니 고작 0.3mm 안쪽이다. 마음속에서 '미련한 것!'이라는 소리가 절로 나왔다. 어찌 아프기 시작해도 모른 척하고 이리 퉁퉁 부어 고름이 꽉 차도록 내버려 두었을까 말이다. 가운뎃손가락 끝에 개구리 손가락처럼 붕대를 칭칭 감은 모습은…. 참으로 웃기고도 슬펐다.

아이들이 어디가 조금이라도 아프면 바로 병원을 찾으면서 자신이 아플 때는 참다 참다 가게 되는지…. 왜 그것이 습관이 되었는지…. 나는 나를 너무 함부로 대했다는 생각이 들면서 그때부터는 내가 내게 지쳐 있다는 신호를 보내면 하던 일을 멈추고 곧바로 휴식 상태에 들어간다.

"이불을 곱게 덮어드리겠습니다, 따뜻한 찜질기도 켜놓았으니 누워서 30분만 쉬시기 바랍니다."라고 친절한 말도 잊지 않는다. 그렇게 30분을 쉬고 나면 지쳐 있던 몸과 마음은 금세 가벼워지는 걸 느낄 수 있다. 지쳐서 넘어져 울고 있는 내 안의 작은 소녀를 내 아이들처럼 사랑해주기로 마음먹었을 때부터 상처투성이 소녀는 나에게 수많은 말을 걸어온다. '나는 그림 그리는 게 즐거워.' '영화 보고 싶어.' '좋아하는 드라마 실컷 보고 싶어.' '여행 가고 싶어.' '좀 쉬고 싶어.' 과거에 이런 마음의 소리를 무시하고, 넘어지는 것을 반복했다면 이제는 작은 소녀가 하는 이야기를 귀담아듣기 시작했다. 그리고 점점 가슴을 펴고 웃고 있는 나를 발견한다.

부모님께 신앙을 이어받은 난 가톨릭 신자이다. 성당에는 고해성사가 있다.

'고해성사 : 가톨릭교회의 일곱 성사 가운데 하나. 세례성사를 받은 신자가 세례 이후 지은 죄에 대해 하느님께 용서받으며 교회와 화해하게 하는 성사이다. 죄를 통회하고 고백한 신자는 사제를 통해 하느님께 죄

사함(사죄)의 은총을 입고 사제가 정해 준 보속을 이행함으로써 죄를 보상하거나 속죄하게 된다.'

([네이버 지식백과] 고해성사 [告解聖事, Sacrament of Penance, sacramental confession] 미디어 종사자를 위한 천주교 용어 자료집, 2011. 11. 10., 한국 천주교 주교회의 매스컴위원회)

마음이 무겁던 어느 날 아이들을 각각의 교육기관에 보내고 평일 미사를 드리러 갔다. 좀 일찍 도착하여 미사를 드리기 전 고해실로 들어갔고 죄를 고백했다. "아이들에게 엄마 역할을 열심히 못 했습니다. 신앙생활과 기도를 열심히 못 했습니다. 하는 일을 열심히 못 했습니다." 나의 고백을 듣고 있던 신부님께서 "뭘 자꾸 그렇게 열심히 해요~! 즐겨요~." 툭! 던지시는 짧은 몇 마디에 불안했던 내 마음이 건드려졌던 것일까? 눈물이 왈칵 쏟아졌다. '난 뭘 그리 열심히만 하려고 했을까, 즐겁게 하면 되는 건데….'라는 깨달음을 얻으며 하염없이 눈물이 볼을 타고 흘러내렸다.

언젠가 인터넷에서 짧은 글을 보게 되었다. 한 청년이 지혜 있는 노인을 찾아가 물었다.

"어르신, 저는 지금 매우 힘든 삶을 살고 있습니다. 매 순간 스트레스로 인해 너무나도 힘이 듭니다. 저에게 행복해지는 비결을 가르쳐주십시

오."

이 말을 들은 노인이 젊은이에게 가방을 건네며 말했다.

"나는 지금 정원을 가꾸어야만 하니 기다려 주게나. 그리고 이 가방을 좀 들고 있게."

가방에 무엇이 들었는지는 모르겠지만 크게 무겁지 않았다. 그런데 시간이 지나면서 가방이 무겁다는 생각이 들었고, 한 시간이 지나자 어깨가 쑤셔왔다. 하지만 노인은 멈추지 않고 일을 계속하고 있는 것이었다. 오랜 시간 기다린 젊은이가 노인에게 물었다.

"어르신, 이 가방을 언제까지 들고 있어야 합니까?"

그러자 노인이 젊은이를 쳐다보며 말했다.

"아니, 그렇게 무거우면 내려놓으면 되지!"

그랬다. 무겁게 느껴지면 내려놓으면 되는 것인데, 많이도 움켜쥐려 애썼더랬다. 아이들을 키우며 아이들에게 혹여나 부족함이 느껴질까 싶어 엄마로서 최선을 다하려고 과하게 노력하는 것, 그것은 욕심이었다. 무엇을 배울 때에도 모두 잘할 필요 없는데 남들에게 인정받으려 잘하는 모습만 비추려 한 마음도 그렇고 아프고 지치면 쉬면 그만인데 쉬는 것조차 남들보다 뒤처질까 봐 계속 나 자신을 몰아치는 것도 모두 스스로

성공을 꿈꾸는 美친 여자들의 반란

를 아프게 하는 것들이었다. 나를 넘어뜨린 작은 돌부리는 다름 아닌 나의 욕심이 아니었을까?

즐거운 마음으로 날마다 배우며 성장하는 것은 눈부신 것이다. 그러나 지쳐 있는 나를 쉬지 않게 하고 해치면서 달려가려고 하는 것은 욕심일 것이다. 성장과 욕심 가운데 나를 잘 살펴 균형을 잘 잡을 수 있다면, 넘어지더라도 다시 엉덩이 툭툭 털고 일어나 앞으로 한 걸음씩 나아갈 용기를 기른다면, 더 이상 주저앉아만 있는 날은 나에게서 멀어질 것이다.

06 상상을 현실로 만드는 3가지 방법

상상하기를 좋아하는가? 우리의 뇌는 상상과 현실을 잘 구분하지 못한다고 한다. 내 앞에 아주 신, 노란 레몬이 있다고 상상을 해보라. 입에 침이 고이는 현상이 일어날 것이다. 한 연구 결과에 따르면 피아노를 직접 연주할 때와 피아노를 연주하는 상상을 할 때 근육의 반응이 거의 같았다고 한다. 피아노 건반을 누른다고 생각만 하고 손가락을 움직이지 않더라도 뇌신호가 전달되고 근육은 반응을 보인다는 것이다. 많은 운동선수는 영화의 한 장면을 찍듯이 이미지트레이닝을 하며 경기를 준비한다고 한다.

역도 선수 장미란도 시합을 앞두고 항상 명상했으며 참가할 경기의 이미지를 떠올리면서 준비하였다고 한다. 마침내 그 상상은 세계 챔피언을 이루며 현실이 되었다. 이렇듯이 내가 이루고 싶은 것을 간절히 상상한다면 언젠가는 이룰 수 있다는 것이다. 그러나 상상만 한다면 공상 또는 망상에 불과할 것이니 상상을 현실로 만드는 구체적인 방법에 관해 이야기를 해보려 한다.

첫째, 눈을 감고 내가 원하는 삶을 상상해본다. 또는 원하는 나의 모습을 상상해본다.

나는 나의 60대를 상상해보겠다. 나는 어떻게 되어 있을까? 여기저기 병들어 아프다는 이야기를 입에 달고 살고…. 이룬 것이 없다면 너무 불행할 것 같아…. 마음의 소리가 묻는다. '그럼 넌 어떻게 되어 있길 원해?', '음, 일단 난 편안한 흔들의자에 앉아서 뜨개질하고 있어~. 하루는 내가 직접 만들고 자수를 놓은 린넨 원피스를 입고 그림 도구들을 챙겨서 그림을 그리러 나가~. 취미가 같은 친구들과 함께 만나서 풍경을 그려~. 햇살은 따사롭고 햇살 아래 나무들은 볕을 받아 반짝거려. 내가 좋아하는 빛 그림이 생기고 나는 서둘러 펜을 움직여 시간이 지나 빛 그림이 사라질까 봐. 그렇게 행복 충만한 시간을 보내고 친구들과 헤어져서 집에 돌아오는 길에 꽃집에서 선홍빛 튤립 세 송이를 사서 집으로 향해. 딱 세 송이, 그게 참 예뻐! 집으로 돌아온 난 꽃집에서 사 온 세 송이 튤립을 투명 화병에 꽂고, 향기로운 커피 한잔을 내려 마시며 한 권의 책을 읽을 거야. 그리고 저녁을 준비하여 남편과 함께 먹고는 밤 산책을 하겠지. 아이들은 장성해서 가정을 이루거나 혹은 자신이 좋아하는 일을 찾아서 고군분투 중이겠지? 가끔 전화로 안부를 묻기도 할 테고 어쩌면 어여쁜 손주와 다음 주에 놀러 온다고 연락이 올지도 몰라. 그럼 난 그 어여쁜 손주에게 잘 어울리는 조끼를 만들려고 실을 고르겠지~. 참 행복하고 기쁜 날들이구나.'

당신이 앞의 상상처럼 60대가 가깝게 느껴지는 50대일 수도 있고, 20~30대여서 너무 멀다고 생각된다면 나의 행복한 시절을 앞당겨 상상하면 될 것이다. '바로 5년 뒤에 내가 이렇게 되어 있다면 좋겠다.', '이러한 삶을 살고 있으면 좋겠다.'라는 생각에서 시작하면 되는 것이다. 마음이 급한 시점에 있다면 시기를 좀 더 앞당기면 된다. '나는 2년 뒤에 그림 그리는 방법을 가르치고 싶어.' 또는 '나는 6개월 뒤에 건강한 몸을 만들고 싶어!'라고 말이다. 일단 눈을 감고 상상을 해보자 내가 원하는 나의 모습, 또는 살고 싶은 모습, 상상은 구체적일수록 좋다.

예를 들어 건강한 몸을 갖고 싶다고 상상해보자. 건강한 나는 지금 어떠한 삶을 살고 있는가? 오래 걸어도 무릎이 아프지 않으며 그림을 오래 앉아 그려도 어깨와 허리가 아프지 않다. 매일 눈을 뜨고 아침을 시작하면서 상쾌한 기분이 들것이고 모든 일에 의욕이 넘친다. 상상한 삶, 그 속에 내가 하는 일이 내가 정말 원하고 좋아하는 것인가 묻고 나서 질문에 고개를 끄덕이고 있는 자신을 바라보게 된다면 목적지 발견 성공이다!

행복한 상상 후 목적지 발견을 마쳤다면 두 번째 할 일은 목표를 만들어 보는 것이다. 목표를 세우기 전 구체적으로 행복한 삶에서의 나를 상상해보았다면 목표 세우는 것은 그리 어렵지 않다. 사람마다 자신이 좋아하는 것과 살고 싶은 삶이 각각 다르기에 목표가 같을 수는 없겠지만, 가슴 뛰는 상상 속의 내가 되는 데 필요한 목표를 만들고 이루어내고 싶은 마음은 같지 않겠는가. 예를 들어 그림을 가르치는 선생님을 상상했다면 그리고 그 상상에 마음이 설레고 흐뭇한 미소를 지었다면, 그다음은 그 삶을 사는 미래의 내가 되기 위해 현재 내게 필요한 목표를 정해주는 것이다.

그림 그리기를 가르치려면 그림에 애정을 품고 있고, 그림 실력이 있어야 할 것이다. 그리고 그림공부, 그림 연습하기를 해야 한다. 것이고 그림에 대한 지식과 그림을 그려본 사람만이 가르칠 수 있을 테니 말이다. 운동을 가르치는 사람이 되고 싶다면 내가 먼저 운동에 대한 경험이 있어야 하고 운동에 대한 지식을 쌓아야 하는 것처럼 같은 경우일 테다.

목표를 정하는 것은 마치 넓은 바다 위를 항해하는 배가 목적지에 도착하기 위한 방법과도 같다. 목적지를 향한 배는 목적지까지 가는 최단

거리를 사전에 모두 연구하여 항해하기 시작했을 것이고 중간에 멈출 필요 없이 목적지만 향하여 나아가면 된다. 그러나 목적지가 없는 배라면? 드넓은 망망대해 위에 둥둥 떠서 표류하게 되지 않을까? 가는 방법을 잘못 알았거나 방법이 없는 배라면? 어디로 향해야 할지 몰라서 조금 가다가 멈추고 가다가 또 멈추게 되는 것은 마찬가지일 테다. 목표는 구체적일수록 실천하기가 좋으니 목표를 잘게 쪼개는 것을 추천한다.

예를 들어 나에게는 목적지가 그림을 가르치는 삶이 될 것이고, 목표는 그림공부, 그림 연습하기로 정해볼 수 있다. 앞의 목표가 큰 목표이고 이것을 잘게 쪼개보자면 '내가 배우고 싶은 그림 도서 구매 후 따라 그려보기', '매일 한 장씩 그리기'로 구체적인 방법을 적을 수 있겠다. 이 목표를 날짜와 함께 적어볼 수 있다.

〈월, 수, 금—색연필 그림책 설명보고 따라 그려보기, 화, 목—펜으로 그림 그려보기, 그림 정보 수집하기〉 그림을 가르치기에 이야기하는 연습이 필요하다고 판단되니 목표가 늘어났다. '그림 라이브 방송 경험하기' 아마 목표가 한두 가지 정도 이루어지게 되면 뿌옇게 보이던 목적지가 점점 또렷하게 보이면서 세우고 싶은, 또는 세워야 하는 목표가 많아질 수가 있다. 이유는 좀 더 잘 도착하고 싶은 '욕심' 때문이리라.

여기서 중요한 것은 욕심이 지나치면 부담감을 불러일으킬 수 있다는 점이다. 도착하기도 전에 진이 빠지게 될 수 있으니 목표 달성을 100%

완벽히 해내야 한다는 생각은 버리고 50~60%의 기준으로 편안하게 시작하는 것이 중요하다. 그림을 가르치고 싶었던 마음이 들었을 때 코로나19로 오프라인 수업이 불가능해지고 아이들도 학교에 가지 못했던 상황이었기 때문에 온라인 수업으로 가르치는 방법이 떠올랐고, 그러기 위해서는 한 번도 해보지 않은 라이브 방송을 경험해야만 했다. 그때 먼저 라이브 방송을 진행하고 있던 분의 이야기에 '아하~!' 하고 무릎을 '탁' 치고 용기를 얻었더랬다. '거지같을 때 하세요~. 완벽해지고 나서 하려면 못해요~.'라고 말이다.

목적지를 정하고, 목표를 정했다면 그다음 세 번째로 해볼 것은? 그렇다. 제일 중요한 실천이다. 어릴 적 방학 계획표를 작성해 본 적이 있는가? 동그란 원 밖에 눈금을 그어 1에서 12까지 반 적고, 1에서 12까지 반 적어 낮과 밤을 적어놓고는 색을 달리하여 계획표를 만들었던 기억이 있다. 계획표대로 실천이 잘 되었을까? 묻는다면 대답은 '아니요.'이다. 왜 계획표를 만들었음에도 잘 지켜낼 수 없었던 것일까? 해야 할 일을 시간표 안에 넣어놓았지만, 그 일로 인해 나의 변화된 모습을 그 당시에는 상상해보지 못했다. 그런 생각을 하기엔 너무 어렸다. 성인이 되어서도 1월 1일에 다짐했던 계획을 1년 사이 모두 이루었는가? 묻는다면 이번엔 무어라 답할 수 있을까?

우리가 결정하고 행동을 할 때까지 마음 안에서는 무수히 많은 저항감이 생길 수 있다. 그 저항감이 오는 이유는 여러 가지일 수 있는데 간절하지 않거나, 지금 당장 필요하다고 느껴지지 않거나, 자신이 없거나, 잘 안 될 그것 같은 부정적인 마음이 생기거나, 나를 의심하거나, 해서 뭐하나 하는 무력감이 들거나, 귀찮거나…. 내가 실천을 할 수 없는 이유는 오만가지이다. 계속해서 적어 내려가자면 끝이 보이지 않는다.

  그러나 실천을 해야만 하는 이유는 무엇일까? 조금 더 나은 내가 될 수 있음은 너무도 확실하다. '아무 일도 하지 않으면 아무 일도 일어나지 않는다.'라는 말을 많이 들어보았을 것이다. 이 말은 매일 같은 일을 하면 매일 같은 일밖에 일어나지 않는다는 말 같기도 하다. 목적을 향해 행동을 정하고 매일 같은 것을 반복하는 행위는 훌륭하다. 여기서 매일 똑같다는 가정은 목적 없이 시간을 흘려보내는 하루를 이야기한다. 어제의 내가 만족스럽다면 오늘의 나도 어제와 같은 하루를 보내면 될 것이다.
  그러나 지금의 나를 좀 더 변화시키고 싶다면, 내가 원하는 삶을 살고 싶지만 지금 현재 그렇지 못하다면! 내가 정한 목표를 크게 써서 잘 보이는 곳에 붙여보자! 앞서 정했던 목적지! 내가 살고 싶은 삶을 나타내는 그림 자료나 사진을 모아 목표 곁에 붙여 놓는 것을 추천한다. 시각화하여 좀 더 생생하게 느낄 수 있는 방법이다. 그 후 매일 해야 하는 것을 적어 붙인 후 실천하면 된다. 실천할 때의 중요한 마음가짐은 완벽하지 않게! 가볍게 시작하는 것이다.

그림을 가르치는 사람이 되어보고 싶었던 3년 전의 나는 매일 색연필 도서를 보고 한 장씩 그림을 완성하여 인스타그램에 올리기 시작했고, 매일 그려낸 그림이 1년 후에는 365장이 되었으며 매일의 노력 덕분에 그림 실력도 향상되었다. 2020년 12월 21일 시작한 매일 그림 라이브 방송은 4달간 진행하여 120여 번 가까이 그림을 그리며 소통하였고, 2021년 9월에는 온라인 그림 화실 '밥실리아'를 오픈하여 줌 프로그램으로 그림 수업을 진행하게 된다.

내가 생각한 삶이 나에게 먼 미래라고 생각하는가? 멀지언정 다가오지 않는 미래는 아닐 것이다. 불안해하며 미래를 걱정하는 것보다 '나는 어차피 행복해질 거고. 성공할 것이다.'라고 생각을 한다면? 그리고 구체적으로 행복한, 내가 바라는 삶을 사는 나를 상상한다면? 그럼 현재에 내가 무엇을 해야 할지가 명확해지기 시작할 것이고 작은 목표를 향하여 한 걸음 떼기만 하면 무슨 일이 일어날까? 나의 작은 시도들이 작은 성공으로 이어지고 반복된다면 높은 산도 한 걸음 한 걸음 내디뎌 정상에 오를 수 있듯이 자신이 원하는 행복한 상상이 결코 헛된 것이 아님을 확인할 수 있을 것이다.

07 숨겨져 있는 욕망을 찾아 떠나라

'부족을 느껴 무엇을 가지거나 누리고자 탐함. 또는 그런 마음' 욕망의 사전적 의미를 찾아보니 '탐함….'이라는 단어가 썩 마음에 들지는 않지만, 무엇을 도전하고 배움에 늘 부족을 느끼는 것은 맞으니 나에게 '배움 욕망녀'라는 타이틀이 붙을 만도 하다. 나의 이 욕구는 어디에서 왔을까. 어린 시절, 하고 싶던 그림 공부를 못했던 결핍에서 피어난 듯하다. 이런 생각을 해본 적도 있다. '내가 만약 환경이 어렵지 않았다면?', '그림 공부를 시작하는 데 걸림이 되는 것이 없고 누구 하나 안 된다고 막은 사람이 없었다면?' 난 지금처럼 그림에 대한 갈망이 있을까? 배움에 대한 갈증이 있을까? 하고 말이다.

이러한 욕구는 '결핍'으로부터 오는 것이었다. 사람에게는 다양한 욕구가 있겠지만, 나에겐 자아실현의 욕구가 절실했다. 무언가를 배우고 열정을 뿜으며 성취해 낸 나를 보는 것이 참 기뻤다. 어쩌면 기뻐하는 내 모습을 자꾸만 느끼고 싶어서 도전이란 단어에 설레는지도 모를 일이다. 도전한다면 그 이후에는 행동하고 이루게 됨을, 이루고 나서는 그 성취감이 행복감을 가져오는 것임을 너무도 잘 알아버렸기에….

나에게 또 다른 가슴 뛰고 설레는 일은 바로 '아이들'이란 존재이다. '화가'라는 꿈을 깊숙이 묻어 두고 나서 텅 빈 마음을 꽃 같은 아이들이 채워주었다. 나를 선생님이라 부르고 맑은 웃음 지으며 마음 전부를 다해 접은 색종이 꽃을 내 손에 쥐여 주던 아이들…. 나의 밝은 것 모두 내리쬐어주고 싶었던 아이들이 있었다. 어린아이들과의 인연은 허리를 다치고 다시는 없을 줄로 알았다. 그러나 나의 세 자녀가 훌쩍 크고 엄마를 덜 찾는 나이가 되자 아이들 곁에 함께할 기회들이 다가왔다.

"어머님, 혹시 주일 학교 교사로 봉사해주실 수 있나요?"

성당의 주일 학교 선생님이 애처로운 눈빛으로 말씀하시는데 안 된다고 할 수가 없었다. 막내 아이 첫 영성체 교리를 위해 매주 함께 성당에 왔던 터라 와서 그냥 앉아 있으니 봉사하는 게 마음이 편할 것으로 생각하여 그러겠다고 답했으나 소심한 목소리로 "주 담임은 부담스러워요. 선생님, 하지만 보조로는 도와드릴 수 있어요!"라고 답했다.

그 이후 매주 토요일 3시 6~7세 유치부 주일 학교 보조 선생님으로 교리와 미사를 함께 드리게 되었고, 아이들 속에서 미사를 드리는 시간은 기쁨, 그 자체였다. 6살 남자아이는 곁에 가까이 앉아 미사 시간에 궁금한 점을 쉬지 않고 물어보았다. 초롱초롱한 눈망울로 나의 대답을 기다리는데 조용히 해야 함을 알려줘야 하면서도 순수한 그 모습이 어찌나 사랑스럽던지 미사 내내 흐뭇함이 밀려왔다. 그리고 '앞으로 주일 학교 교사를 쭉 하면서 지내겠구나.'라는 생각이 뇌리를 스쳐 갔다.

성당 유치부 아이들과 함께하는 주일이 너무도 행복했는지 어린 아가들의 해맑은 모습이 아른거려 어린이집의 보조교사를 시작하게 되었다. 아이들과의 하루는 8년 만이었지만 바로 어제 근무했었던 것처럼 너무도 즐거웠고, 하루 4시간의 근무시간이 2시간처럼 느껴질 정도로 빠르게 흘렀다. 말을 아직 잘 못 하는 3세 영아가 '선생님' 단어를 '썬쨈님'이라고 말하며 안길 때 얼마나 기뻤는지 모른다. 함께 동요를 부르고 율동을 하고 반짝 반짝이는 아가들과 함께 뛰놀면 근심 걱정이 모두 사라지고 웃고 있는 내가 있었다. 설레는 내가 존재했다.

25년 전 내 안에 작은 어린 소녀가 이불 속에 웅크리고 눈물 콧물 질질 짜며 껵껵대고 있다. 그림을 배우고 싶은데, 집안 형편이 따라주지 않는다. 지금이야 인터넷에서 흘러넘치는 정보와 유튜브만 검색해도 여러 가지 방법이 나오지만, 그때는 인터넷도 되지 않고, 진로에 대해서 알아볼 방법은 이미 그 길을 가본 사람에게 물어보는 것뿐…. 그때는 그것이 자녀를 키우며 최선의 선택이었을 것이다. 당시를 생각하니 지금 내 나이의 엄마가 생각나 견딜 수가 없다.

토부님의 그림 동아리 '폰티콘'의 1기 구성원으로 활동하던 난 '나 그림책' 수업을 듣게 되었고 말 그대로 나를 위한 그림책이었기에 나의 어린 시절을 되돌아볼 수 있었다. 그림 동화책을 읽으며 상상의 나래를 펼쳤던 어린 시절도 떠올랐고, 가난한 집안 환경을 원망하던 상처투성이 청소년 시절도 함께 생각이 났다. 아팠던 기억들은 없어지면 좋으련만 이따금 수면 위로 떠오르면 마치 감전된 것처럼 찌릿찌릿 가슴을 저리게 한다.

그렇게 한 장면 한 장면 지난날을 떠올려 이야기를 담고, 마음을 담아 스케치한다. 얼마 남지 않은 부모님의 결혼기념일 선물로 드릴 생각을 하며 만든 그림책…. 제목은 『슈퍼집 딸래미』, 내용은 어린 시절 방 한 칸 달린 슈퍼집 딸래미의 이야기와 아이 셋을 낳고 아팠던 시절, 그리고 다시 그림을 그리며 사는 현재의 이야기를 담았다.

세상에 하나뿐인 그림책은 부모님께 전달이 되었고, 웃으며 그림책을 한 장씩 넘기시던 엄마는 마지막 장을 다 읽고 나서 고맙다는 말과 함께 내 품에 안겨 엉엉 우셨다. 아이처럼 서럽게 우는 엄마 모습은 본 적이 없다. 참 이상하게도 같이 울기보다 품에 엄마를 안고 등을 토닥이게 되었다. 가난한 환경 탓에 자녀가 하고픈 것을 부모로서 지원을 해주지 못했다는 생각에 속상했을 엄마를 생각하니 마음이 무척 아팠다. 서로의 아픈 지난날을 함께 견뎌왔기에 더욱 그랬겠지만, 그림책을 통해 마음이 전달되는 것을 경험한 후에는 그림과 글이 함께하는 그림책이 더 좋아졌다.

자연스레 새로운 꿈이 생긴다. 따뜻한 그림과 마음 담은 글로 누군가에게 울림을 주는 그림책을 만들고 싶다는…. 그림책 작가가 되어 살아가고 싶다는 꿈 말이다. 그림을 그려보고 싶다고 마음먹지 않았더라면, 할 수 없는 일이라고 가정하고 나에게 기회를 주지 않았더라면 그림책 작가가 되어보고자 하는 꿈은 내게로 오지 않았을 것이다.

이전의 나는 힘들어지는 상황에 정면으로 맞서지 못했다. 현실에 순응하는 척하며 버텨내다가 땅굴을 파고 들어가는 날이면 비구름이 내내 몰려와 숨 쉴 수 없는 매일을 창조하는 나였다. 다행히도 몇 번의 넘어지는 경험 후 얻게 된 건 '용감함'이다.

인고 끝에 얻게 된 용감함. 그 용감함은 두려움에서 나를 끄집어낸 무기가 되었다. 고된 현실과 고군분투할 때 도움이 된 명언들을 함께 나누고 싶다.

가장 어두운 밤이 지나고 나면 반드시 해가 떠오른다. - 괴테

인생을 사는 데는 2가지 방법이 있다. 하나는 기적 같은 건 없다고 생

각하며 사는 것이고, 나머지 하나는 모든 순간이 기적이라고 생각하며 사는 것이다. —알베르트 아인슈타인

가장 중요한 시간은 오직 지금 현재이고 가장 중요한 사람은 지금 당신의 옆에 있는 사람이다. —톨스토이

이 세 가지 명언은 내가 깊은 땅굴을 파며 들어갈 때, 노력해도 안 되는 느낌이 드는 하루일 때 그리고 나의 하루가 보잘것없이 하찮게 여겨질 때 힘이 되어준 문장들이다.

아직도 내 안에는 무수한 꿈들이 존재한다. 그리고 수많은 나도 함께한다. 작은 것에 실망하는 나, 작은 것에도 기뻐하는 나, 작은 실패에 좌절하는 나, 다시 딛고 희망을 품는 나, 많은 사람을 좋아하는 나, 혼자만의 시간을 갖고 싶은 나, 함박웃음 지으며 행복한 나, 슬픔에 파묻혀 혼자되는 나…. 이 모순되는 모습이 모두 나인 것을 발견하고 당황스럽지만 인정하였을 때 비로소 마음의 평안함이 찾아왔다.

여긴 어디이고 나는 누구이며 세상에서 어떻게 살아가야 하는지 어떤 모습으로 살아내야 좀 더 행복할 것인지…. 무던히도 애쓰며 고민했다. 내가 이루고 싶은 꿈을 정하고, 꿈을 향하여 앞으로 돌진하고 넘어지고…. 그리고 다시 일어나는 과정에서 양쪽 눈을 가린 경주마처럼 앞만 보고 달리던 시절도, 무기력함으로 아무것도 하지 않던 시절도 있었다.

그러나 봄날 비바람이 몰아쳐도 봄이 아닌 것은 아니다. 봄꽃이 활짝 피었건, 부슬부슬 봄비가 내리든, 꽃샘추위가 오던 우리에게 봄은 봄인 것처럼 내 삶에서의 상처도, 결핍도, 희망도 모두 나의 것이기에 어느 하나 중요하지 않은 것이 없으니 말이다.

완벽해지지 않아도 된다. 그냥 이대로의 나, 존재 자체로 아름답고 이미 반짝반짝 빛나고 있는 나. 인정해주고 사랑해주면 되지 않을까? 더 이상 기억 속 저편 웅크리고 있는 작은아이가 어둠 속에 처박혀 있지 않도록 손을 내밀어 따스한 빛 가까이 데려와 빛을 쐬어주고 싶다. '넌 소중한 아이야, 이미 꽃이야.'라고 말하며….

오늘도 난, 좀 더 즐거운 곳으로 나를 데려다 놓기 위해 내 마음속 꿈의 지도를 보고 또 본다. '이거 해서 뭐 할래, 그냥저냥 지내자~.'라는 말을 건네는 내 안의 목소리도 무시하기보다는 '아~너 지금 쉬고 싶구나!'라고 인정해 준 뒤 다시 이렇게 말한다.

"그런데 조금 쉬고 나서 다시 해볼래. 하고 나면 내가 행복해질 것 같거든~!"

아침에 눈을 뜰 때 가끔 불안함이 밀려오는 날이면, '오늘은 어제 죽어가던 이가 그토록 바라던 내일'이었다는 사실을 떠올리며, 두 손을 모으고 감사의 기도를 드린다. '오늘 하루도 감사합니다. 이 감사한 선물을 소

중히 다룰 수 있도록, 마음의 힘을 얻을 수 있게 도와주세요. 아멘.'

부정적으로 생각했던 욕망에 관한 생각을 다시금 재정립해본다. 나의 즐거움은 배우고 익히는 데에서 오는 것임을 알았기에 배움에 대한 욕망은 나에게 살아 있음을 일깨워 주는 단어임을 다시 한번 인정하는 것이다. 내가 원하는 삶을 위해 성장을 향한 배움의 욕망을 찾아 올해는 마음 공부, 부자 공부를 시작했다. 꽃길만 펼쳐지는 하루하루가 아닐 수 있다. 그러나 꽃잎 한 줌 쥐고 내가 가는 앞길에 뿌리며 꽃길을 만들어 갈 수 있는 우리다. 삶을 외면하지 않고 자신의 인생 한가운데에 들어가 용기 있는 선택을 하는 당신을 격려하고, 격하게 응원하며 존경한다고 말해주고 싶다.

"당신은 참 용감합니다. 당신은 참 소중합니다. 당신은 이미 꽃입니다!"

에필로그

···

새로운 도전은 늘 설레기도 하지만 간절함과 열정, 끈기 없이 성공하기란 쉽지 않다. 세상이 멈춘 듯한 팬데믹 3년 동안, 우리는 달렸다. 그 시간을 기회로 삼아 각자의 꿈을 이루기 위해 미친 듯이 배우며 새로운 도전을 했다.

만약 포기했더라면, 지금의 이 순간은 없었을 것이다. 책 쓰기를 결심하고 모였을 때가 생각난다. 온라인상이었지만 불안함과 흔들리는 눈빛을 읽을 수 있었다. 모두에게 또 다른 도전이었기에 '우리가 할 수 있을까?', '이 선택이 맞는 걸까?'라는 의구심을 가진 것도 사실이었다. 하지만 본격적으로 책 쓰기에 돌입하면서 한순간에 스위치 모드는 바뀌었다. 누구라고 할 것 없이 놀라운 집중과 몰입을 해 나갔다. 경험을 통해 성공 법칙을 찾은 우리는 이 과정을 어떻게 보내야 하는지 잘 알고 있었던 것 같다.

역시나 우리의 도전은 또 다른 성장과 결과물을 만들어 냈다. 책 쓰기 과정을 통해 우리는 달려왔던 시간들을 뒤돌아볼 수 있었고, 깊은 내면에 자리하고 있던 생각들을 정리하는 기회를 가질 수 있었다. 경험하지 않았더라면 알 수 없을 값진 가치를 배웠다. 또한 책 출간이라는 엄청난 일을 해냈다. '작가'라는 타이틀로 새로운 길을 걷을 수 있게 됐다.

각자가 꿈꾸는 성공자의 길을 걷기 위해 우리는 다양한 선택을 하게 된다. 그 선택이 무엇이든 성공하는 그 순간까지 포기하지 않는다면 반드시 원하는 것을 이룰 수 있다고 생각한다.

여기에 소개된 '성공을 꿈꾸는 미친 여자들의 반란' 스토리가 증명하고 있다. 처음부터 원하는 길을 찾기는 쉽지 않다. 우리 또한 그랬다. 그 길을 찾기까지 많은 과정을 거쳐 여기까지 왔다.

일단 작은 시작부터 해보길 바란다. 수없이 도전하는 과정에서 내 몸에 맞는 나만의 색깔을 찾을 수 있을 것이다. 실패와 도전 과정을 통해 진정한 성장을 이룰 수 있게 될 때, 세상에 전하고 싶은 '메시지'가 만들어질 거라 생각한다. 여러분의 성공 스토리를 들을 수 있길 기대한다. 그리고 귀한 경험을 통해 세상으로 나온 이 책을 통해, 꿈을 찾아 새로운 도전을 하는 모든 분이 용기와 성공법칙을 찾길 바라고 응원한다.

끝으로 우리의 도전과 성장기를 '기획 출간'이라는 선물로 만들어 준 '강사라 작가님'께 감사드린다. 막연했던 두려움을 확신으로 이끌어 주고, 준비하는 모든 과정을 사랑과 열정으로 채워 주셔서 완주할 수 있었다.

"행복한 진통 과정을 통해 아름다운 진주를 만들어낸 우리 5명 모두에게 큰 박수를 보내고 싶다. 우리들의 도전은 아직 끝나지 않았다."

– 캐나다에서 '희야'